Michael Leisten

Coaching

Ein Feld der Erwachsenenbildung

2009 by Laub-Verlag, Prichsenstadt/Laub
Alle Rechte der Verarbeitung, auch die photomechanische Wiedergabe
oder die Einspeisung und Rückgewinnung in Datenverarbeitungsanlagen
sind vorbehalten.

ISBN 978-3-935560-06-1

Layout und Gestaltung: werkstatt der ideen
jochen schug, Prichsenstadt

Druck: Digital Print Group

Inhaltsverzeichnis

1.0	Vorwort	8
1.0	Bedeutung von Beratung in der Erwachsenenbildung	12
1.1	Begriffsklärungen	13
1.2	Kontext von Beratung	18
1.3	Beratung als eine Grundform pädagogischen Handelns	20
1.4	Anlässe und Ziele pädagogischer Beratung	21
1.5	Historische Entwicklung	23
1.6	Abgrenzung von Beratung und Therapie	27
2.0	Analyse der Beratungsform Coaching	31
2.1	Herkunft und Entwicklung	31
2.2	Begriffsdefinition	40
2.3	Anlässe für Coaching	44
2.3.1	Krisen als Anlass für Coaching	44
2.3.1.1	Individuelle Krisen	45
2.3.1.2	Kollektive Krisen	48
2.3.2	Wunsch nach Verbesserung	49
2.3.2.1	Individuelle Verbesserungen	49
2.3.2.2	Kollektive Verbesserungen	51
2.3.3	Coaching -Anlässe im zeitlichen Wandel	52
2.4	Ziele von Coaching	52
2.5	Coaching-Varianten	55
2.5.1	Varianten nach Art und Herkunft der Coachs	56
2.5.1.1	Der externe Coach	56
2.5.1.2	Der interne Coach	57
2.5.1.2.1	Der interne Coach aus der Linie	58
2.5.1.2.2	Der interne Coach aus Stäben	60

2.5.2	Coaching-Settings	62
2.5.2.1	Einzel-Coaching	62
2.5.2.2	Gruppen-Coaching	63
2.5.2.3	Team-Coaching	64
2.5.3	Health-Coaching	66
2.5.4	Philosophisches Coaching	68
2.6	Der Coaching-Prozess	69
2.7	Grenzen von Coaching	71
3.0	Coaching als Arbeitsfeld für Erwachsenenbildner	73
3.1	Coaching als Form pädagogischer Beratung	74
3.1.1	Coaching und der Beratungsbedarf im pädagogischen Handlungsfeld	75
3.1.2	Coaching und die Gestaltung von Lernprozessen	75
3.1.3	Coaching und die Einbeziehung des Umfeldes	76
3.1.4	Coaching und die Ziele pädagogischer Beratung	77
3.2	Coaching in Abgrenzung zur Supervision	77
3.3	Coaching als seriöse Beratungsform	80
3.3.1	Qualitätskriterien im Coaching	80
3.3.2	Qualifikationsprofil eines Coachs	81
3.3.3	Anforderungen an den Menschen	82
3.3.4	Anforderungen an die fachliche Qualifikation	84
3.4	Die Kompetenz von Erwachsenenbildnern	87
4.0	Konsequenzen für die Erwachsenenbildung	88
4.1	Professionalität in der Erwachsenenbildung	88
4.2	Beratung als Profession	90
4.3	Der Erwerb von Beratungskompetenz	91
4.4	Wie wird man Coach	92
5.0	Schlussbetrachtung	94

Vorwort

In heutigen modernen Gesellschaften finden soziale und technische Entwicklungen statt, die einerseits neue Optionen und Chancen bieten, andererseits aber auch neue Verantwortlichkeiten und Risiken bergen. „Gesamtgesellschaftliche Veränderungen, die mit den Schlagworten Globalisierung, Deregulierung und Stockholder Society umschrieben werden, beeinflussen seit den achtziger Jahren des vergangenen Jahrhunderts die Erwerbsarbeit in den hochindustrialisierten Ländern." (Candeias & Deppe, 2001, S. 21)

Durch die damit einhergehenden gesellschaftlichen Veränderungen, die unsere Lebensumwelt immer komplexer machen, sowie durch die fortschreitende Auflösung tradierter Familienstrukturen, fühlen sich auf der einen Seite viele Menschen orientierungslos, verunsichert oder sogar überfordert. Die scheinbar unbegrenzten Möglichkeiten eines Individuums, sein Leben nach eigenen Maßstäben zu gestalten, bergen auch Risiken. Die Vielfältigkeit der Optionen bringt nicht nur mehr Verantwortung für die Lebensplanung und -gestaltung mit sich, sondern auch Verunsicherungen und den Zwang, Entscheidungen zu treffen. Auf der anderen Seite gibt es diejenigen, die einen Überblick bekommen oder behalten möchten über die vielfältigen Chancen, die sich in einer Welt bieten, in der alles möglich zu sein scheint. Diese Menschen suchen nach Hilfen, um die Chancen optimal nutzen zu können und nichts zu „verpassen". Hier handelt es sich nicht nur um eine soziologische, sondern auch um eine erwachsenenpädagogische Komponente. Um die Herausforderungen einer modernen komplexen Gesellschaft zu bewältigen, benötigt der Einzelne immer neue Kompetenzen, er ist aufgefordert zu „lebenslangem Lernen". Weinberg (2000, S. 76) stellt fest, es sei kennzeichnend für die Erwachsenenbildung, dass sie eng mit dem Prozess des gesellschaftlichen Wandels verbunden ist. „Der Wandel in der Lebensweise, in der Arbeit, in den ökonomisch-technischen und den politischen Verhältnissen erzeugt Lernbedarf. Die Menschen, die den Wandel verursachen und gleichzeitig ein Teil von ihm sind, brauchen Wissen und Fähigkeiten, die sie nicht haben." (Weinberg 2000, a.a.O.) Diese Feststellung wirft die Frage auf, wie die Menschen die entsprechenden Fähigkeiten erwerben, die ihnen bei der Bewältigung und Gestaltung individueller und gesellschaftlicher Probleme hilfreich sein können. Eine entsprechende Interventionsform ist die „Beratung".

Mutzeck betont die Notwendigkeit von Beratung, indem er feststellt: „Orientierung, Planung, Auswahl, Entscheidung und Handlung können in unserer schnelllebigen Zeit nicht allein durch in Bildungsprozessen erlernte Wissens- und Handlungskompetenzen gemeistert werden, sondern bedürfen oft rasch zugänglicher Ergänzung und Unterstützung durch Beratung." (Mutzeck 1999, S. 10)

Im Zuge der gesellschaftlichen Veränderungen und der damit einhergehenden Unsicherheiten konnte sich Beratung zu einem kontinuierlich expandierenden professionellen Arbeitsbereich mit einer Vielzahl von Ausdifferenzierungen in den verschiedenen Praxisfeldern entwickeln. Unterschiedlichste Anlässe, Aufgaben und Ziele von Beratung, verschiedenste Adressatengruppen, sowie immer neu hinzukommende Beratungsbereiche, lassen Beratung mittlerweile zu einer Interaktionsform werden, die sämtliche Alltagsbereiche durchdringt.

Eine Sonderform der Beratung im beruflichen Bereich ist das Coaching. Bei Pressemitteilungen, Buchneuerscheinungen oder Weiterbildungsangeboten in der Erwachsenenbildung taucht seit einigen Jahren immer häufiger der Begriff „Coaching" auf. Es gibt eine Vielzahl von Veröffentlichungen zu diesem Thema. Schaut man sich Seminarausschreibungen oder Beratungsangebote an, so wird deutlich, dass der Begriff Coaching ganz unterschiedlich verwendet wird und scheinbar jeder etwas Anderes darunter versteht. So heißt es z.B.: „Durch Coaching zu Spitzenleistungen", „Coaching für Projektmanager", „Voice-Coaching", „Tiefenpsychologisch fundiertes Coaching für Frauen" etc.. Es scheint einen unüberschaubaren Markt zu geben, auf dem jeder unter dem Begriff „Coaching" etwas anderes anbietet, teilweise auch, weil es ein lukratives Geschäft zu sein scheint. Möglicherweise werden sogar traditionelle Trainingsformen als Coaching angeboten, weil sie sich so leichter verkaufen lassen. „Standardtrainings sind out. Der Trainer mit Berater- und Coachkompetenz ist in. Denn Trainings bekommen mehr und mehr den Charakter von Hilfe zur Selbsthilfe." (Mühleisen 2001, S. 30)

Ist Coaching also nur ein modischer Trend, oder handelt es sich dabei um einen ernst zu nehmenden Beratungsansatz?

Mein Interesse für dieses Thema entstand als Reaktion auf die Begegnungen mit den Patienten in der Praxis. Bis vor einigen Jahren kamen die Menschen mit Rheuma, Kopfschmerz, Allergie und anderen Erkrankungen. Heute kommen immer mehr Menschen in die Praxis, die ebenfalls an solchen Erkrankungen leiden, aber zudem Beratungs- oder Coachingbedarf haben.

Des Weiteren waren die Patienten früher oder später im Rahmen der Therapie mehr oder weniger gesund, aber in ihrem Leben war noch vieles oder manches ungesund, was zwar nicht zu dem Bereich der Pathogenese gehörte, mich aber als Mensch, dessen Lebensmotto lautet „… helfen, dass Leben gelingt!" beschäftigte. Die entsprechenden Bildungsangebote gehörten aber in den Bereich der Salutogenese und kamen in meinem Betreuungs- und Behandlungskonzept nicht vor. Salutogenese bedeutet soviel wie „Gesundheitsentstehung" oder Ursprung von Gesundheit und wurde von dem israelisch-amerikanischen Medizinsoziologen Antonovsky (1923–1994) in den 1970er Jahren als Gegenbegriff zur Pathogenese entwickelt. Nach dem Salutogenese-Modell ist „Gesundheit kein Zustand, sondern muss als Prozess verstanden werden."
(Antonovsky, 1997, S. 15)

So kam es mir im Rahmen meines Masterstudiums sehr entgegen, diese Einseitigkeit zu verändern und mit der Konzeption und Implementierung eines Healthcoaching im Rahmen von Gesundheitsbildung meinen Patienten eine ganzheitliche Betreuung angedeihen lassen zu können. So entstand aber auch die Fragestellung dieser Arbeit: Ist Coaching ein Feld des Erwachsenenbildners?

Ziel dieses Buches ist es herauszuarbeiten, dass Coaching bei Erfüllung bestimmter Kriterien, als Form pädagogischer Beratung, erwachsenen-pädagogisches Handeln ist und somit ein Arbeitsfeld für Erwachsenenbildner und für mich in meiner Arbeit sein kann – bei eigener entsprechender Weiterbildung in dem Bereich. Außerdem möchte ich aufzeigen, dass Coaching als Form pädagogischer Beratung eine theoretische Fundierung hat und damit ein seriöses Beratungskonzept ist.

Meine Grundprämisse ist dabei, dass Coaching eine Sonderform von Beratung in der Erwachsenenbildung ist. Daher besteht mein methodisches Vorgehen darin, zunächst nach der Einleitung in einem zweiten Kapitel die Bedeutung von Beratung in der Erwachsenenbildung herauszuarbeiten.

In einem dritten Kapitel analysiere ich die Beratungsform „Coaching" und unterziehe sie einer kritischen Betrachtung, indem ich die Herkunft und Entwicklung des Coachings vorstelle, sowie wesentliche Charakteristika dieser Beratungsform untersuche.

Im vierten Kapitel möchte ich Coaching als Arbeitsfeld für Erwachsenenbildner beschreiben. Dabei werde ich zunächst Coaching als Form pädagogischer Beratung legitimieren und von einer anderen Form der Beratung, nämlich der Supervision, abgrenzen. Im Anschluss daran wird dargestellt, welche Kriterien zu beachten sind, damit Coaching als eine seriöse Beratungsform gelten kann. Dabei geht es auch darum, die Kompetenzen eines Coachs näher zu betrachten.

Schließlich thematisiere ich die möglichen Konsequenzen für die Erwachsenenbildung.

Um begriffliche Unklarheiten bezüglich der beteiligten Personen zu vermeiden, verwende ich im Rahmen dieser Arbeit bei dem Thema „Beratung" die Bezeichnungen „Berater" und „Ratsuchender", sowie beim Thema „Coaching" die Bezeichnungen „Coach" und „Klient", weil sie die am häufigsten genannten Bezeichnungen in der Literatur sind. In Bezug auf den zu Coachenden werden aber auch die Begriffe „Führungskraft", „Mitarbeiter" oder „Coachee" in Veröffentlichungen gebraucht und sind daher in den verwendeten Zitaten zu finden. Wenn von Erwachsenenbildnern die Rede ist, meine ich damit studierte Diplom-Pädagogen und Absolventen der Masterstudiengänge der Erwachsenbildung.

Im Zusammenhang mit therapeutischen Interventionen ist die Rede von „Therapeut" und „Patient". Auch dort werden aber teilweise die Begriffe „Klient" bzw. „Ratsuchender" in der Literatur genannt und entsprechend zitiert. Ich möchte an dieser Stelle auch noch darauf hinweisen, dass ich aus Gründen der besseren Lesbarkeit ausschließlich die männliche Form benutzt habe, die weibliche aber selbstverständlich mit inbegriffen ist.

1. Bedeutung von Beratung in der Erwachsenenbildung

Im Kontext der Erwachsenenbildung werden die gesellschaftlichen Aufgaben und Ziele der Beratung in diesem Bereich durch das Grundgesetz gestützt: „Aus dem Artikel 20 des im Grundgesetz verankerten Sozialstaatprinzips, aus dem vor allem ein Recht auf Arbeit und Bildung abgeleitet werden kann, ergeben sich für die Beratung die Aufgaben, zur Verwirklichung dieses Rechtes im Sinne der dafür notwendigen Veränderungen beizutragen." (Bachmair 1996, S. 121 f.) Beratung ist mitverantwortlich für die Vernetzung von Arbeit und Bildung der Menschen und erhält demzufolge in gesellschaftlichen Zusammenhängen eine bedeutsame Rolle.

Gleichzeitig entsteht dadurch etwas Neues, in der Form von positiven und effektiven Zielen und Perspektiven für die Gesellschaft:
- Förderung der Bildungs- und Entfaltungsmöglichkeiten des Einzelnen
- Aufzeigen der Notwendigkeit und der Möglichkeit des Erwerbs von breiten und allgemein verwertbaren Qualifikationen
- Erarbeitung von gemeinsamen Informations-, Entscheidungs- und Realisierungshilfen

(vgl. Bachmair 1996, S. 121).

Für die Erwachsenenbildung bietet Weinberg (2000, S. 103) folgende Einteilung der Beratung an: Bildungsberatung, Teilnehmerberatung und Lernberatung.
„Unter Bildungsberatung werden Gespräche verstanden, in denen Ratsuchende für sich nach Möglichkeiten der Weiterbildung oder des beruflichen Fortkommens suchen.
Unter Teilnehmerberatung wird die Beratung von Bildungsinteressenten verstanden, die im Programm einer Weiterbildungsinstitution den ihnen gemäßen Kurs oder Lehrgang suchen.
Unter Lernberatung wird die Beratung verstanden, die als Teil des Lehr-/Lerngeschehens der Behebung von Lernschwierigkeiten und der individuellen Lernförderung dient."

Beratung im Bildungsbereich hat in unserer Gesellschaft eine notwendige Funktion, „weil es durch Unüberschaubarkeit, Komplexität und die ständigen Veränderungen im Bildungs- und Beschäftigungssystem für den Einzelnen immer schwieriger wird, seine Bildungs- und Berufschancen optimal wahrzunehmen" (Bachmair 1996, S. 121). Die Bedeutung der Beratung in der Erwachsenenbildung wird zunehmen, weil „in Zeiten des tiefgreifenden Wandels das Lernen und Lehren sowie das Lernen in Selbstorganisation und Einsamkeit stützender Begleitung bedürfen" (Fuchs-Brüninghoff 1997, zit. nach Weinberg 2000, S. 107).

Auch daran lässt sich erkennen, dass der Einzelne in einer individualisierten Gesellschaft nicht nur mehr Chancen hat, sondern auch mehr Risiken auf sich nehmen muss. Nicht optimal ausgenutzte Möglichkeiten werden dem Individuum selbst zugeschrieben, es muss vor allem eins sein: entscheidungsfähig.

Insgesamt lässt sich feststellen, dass Beratung für beinahe jede Lebenssituation und Problematik angeboten wird, und dabei selbst immer komplexer wird, „so dass es nicht selten eines Beratungsführers oder der Beratung zur Beratung bedarf, um sich im Labyrinth der vielfältigen Angebote zu orientieren." (Engel 2000, S. 210). Für professionelle Berater sollte es daher zum Berufsverständnis gehören, ihre Arbeit für die Ratsuchenden transparent zu machen, sie dabei aber auch nicht zu überfordern. Angesichts der Unübersichtlichkeit auf dem Markt darf es nicht Ergebnis von Beratungsangeboten sein, neue Abhängigkeiten der Ratsuchenden von den Experten zu schaffen.

1.1 Begriffsklärungen

Bei den Recherchen zum Thema dieser Arbeit stellte sich schnell heraus, dass zugrunde zu legende Begriffe nicht immer eindeutig zu verstehen sind, teilweise synonym oder sich gar widersprechend benutzt werden. Daher möchte ich an dieser Stelle zunächst mein Verständnis zweier Begrifflichkeiten vorstellen.

Erwachsenenbildungswissenschaft

Die Erwachsenenpädagogik ist ein relativ junger Teilbereich der Pädagogik bzw. der Erziehungswissenschaft. Erst seit den 1970er Jahren gibt es erwachsenenpädagogische Professuren. Die Erwachsenenpädagogik beschäftigt sich mit der Konzeptualisierung und der Erforschung der Bildung und des Lernens Erwachsener. Voraussetzung dafür ist das Bild eines Erwachsenen, der nicht nach Abschluss von Kindheit und Jugendalter als fertige oder reife Person betrachtet wird, sondern als grundsätzlich lebenslang lernfähig. Diese Fähigkeit ist notwendig, um den Anforderungen des Lebens gerecht zu werden. In einer komplexen, postmodernen Gesellschaft ist die Lernphase eines Menschen nicht nach dem Erreichen eines formalen Schulabschlusses, einer Ausbildung, ja nicht einmal nach einer Hochschulausbildung abgeschlossen.

Giesecke (2000, S. 15) stellt zu dieser Thematik folgende These auf, welche die Notwendigkeit der Erwachsenenpädagogik betont: „Da alle Lebensalter heute lernbedürftig und lernwillig sind, ist pädagogisches Handeln nicht mehr auf das Kindes- und Jugendalter beschränkt..."

Was die Lernwilligkeit betrifft, ist allerdings zu bedenken, dass in Zeiten starker Veränderungen auf dem Arbeitsmarkt und damit einhergehender Unsicherheiten die Freiwilligkeit der Teilnahme an Weiterbildung zumindest in Frage gestellt werden kann. So kann sich die Notwendigkeit zum Lernen auch dadurch ergeben, dass sich Chancen auf dem Arbeitsmarkt nicht bieten, bzw. nicht wahrgenommen werden können. In Fortführung dessen schreiben Peter Faulstich und Christine Zeuner: „Die Erwachsenenbildung selbst ist das Resultat eines Modernisierungsprozesses, der zur Differenzierung gesellschaftlicher Partialsysteme mit je spezifischen Funktionen und Strukturen geführt hat. Es resultieren dann Strategien in Richtung auf eine arbeitsorientierte und politikbezogene Erwachsenenbildung im Rahmen eines übergreifenden Konzepts lebensbegleitenden Lernens." (Faulstich/Zeuner, 2006, S. 221)

Pädagogik

Pädagogik (v. griech.: paideia = Erziehung, Bildung bzw. pais = Knabe, Kind+ agein = führen) bzw. Erziehungswissenschaft sind Bezeichnungen für die wissenschaftliche Disziplin, die sich mit der Theorie und Praxis von Bildung und Erziehung auseinandersetzt. Die Unterscheidung der beiden Bezeichnungen ist vornehmlich historisch zu sehen. Im klassischen Griechenland hatte der Pädagoge als Knabenführer die Aufgabe, ausgewählte Knaben den Philosophen zur Erziehung zuzuführen. Möglicherweise bedeutet dies auch, dass so die Knaben auf dem Weg zum Philosophen bildbar gemacht, also auf die kommenden Diskussionen und Reflexionen günstigenfalls eingestimmt wurden. In der Geschichte der Pädagogik gilt traditionell das Lehren, mit dem Ziel des Lernens als die Grundform pädagogischen Handelns. Nimmt man die vielfältigen Definitionsversuche, welche pädagogische Theorie und Forschung in den zurückliegenden Jahrzehnten erarbeitet hat, in den Blick, so lässt sich zunächst eine große Bandbreite der Ansätze und Formulierungen finden. Häufig finden sich noch Formulierungen die pädagogische Prozesse in erster Linie als Vermittlungsaktivitäten verstehen. Erst vereinzelt lassen sich Versuche feststellen, Lehr-Lernabläufe als Aneignungsvorgänge zu verstehen. Laut Rolf Arnold lassen sich zwei unterschiedliche Vorstellungen unterscheiden:
„eine – enge – erzeugungsdidaktische und eine – weitere – ermöglichungsdidaktische" Konzeption von Pädagogik (Arnold 2007, S. 36).

Der ermöglichungsdidaktische Blick ist ein systemtheoretischer bzw. neurobiologisch informierter Blick, der davon ausgeht, dass Menschen grundsätzlich das wahrnehmen, was sie wahrnehmen können. Dies bedeutet, dass Lernen einer inneren Logik folgt und demzufolge in stärkerem Maße von den bereits ausgebildeten Emotions-, Deutungs- und Handlungsmustern bestimmt wird als von den Anregungen und Informationen, die an das Individuum herangetragen werden. Die Veröffentlichungen der neueren Hirnforschung (vgl. Roth 2003) stecken voller Hinweise auf die autopoietische Geschlossenheit von Wahrnehmung und Aneignung. Grundlegend für diese Pädagogik der Ermöglichung ist eine „systemisch-konstruktivistische Sicht des Lehr-Lern-Prozesses, welcher in seiner relativen Ent-

koppelung von Lehren und Lernen in den Blick gerät" (Arnold 2007, S. 40).
„Lernen ist strukturdeterminiert, d. h., was und wie etwas verarbeitet wird, hängt aber weniger von der Qualität der Mitteilung ab als von dem internen kognitiv-emotionalen System und den momentanen körperlichen Empfindungen "(Siebert 2005, S. 31). Man lernt „was in unser Schema passt, was anschlussfähig ist, was brauchbar und bemerkenswert erscheint" (Siebert 2005, S 31).

Bei diesem Vorgang des Lernens werden sowohl die beteiligten Personen als auch die Situationen, in denen Lernen möglich ist, nur partikular erfasst. Der Pädagoge sollte stets beachten, dass Lernen nur ein Teil von Leben ist. Es gibt somit keine pädagogischen Situationen, es gibt nur Situationen, in denen pädagogisches Handeln möglich ist. Der Lernende ist nicht ein Objekt, an das mit normativen Ansprüchen herangetreten wird, sondern er ist zu sehen als Subjekt seines Lebens, seiner Bildung und seiner Persönlichkeitsentfaltung. „An dieser Stelle taucht das Konzept ‚selbstorganisiertes Lernen' auf. Es geht dabei um die interessengeleitete, aktive Aneignung von Welt durch die handelnde Personen" (Faulstich/Zauner 2006, S. 33).

Handeln versteht Holzkamp dabei als die Realisierung von Bedeutungen, d. h. gesellschaftlichen Handlungsmöglichkeiten. Dies bedeutet, dass subjektive Lerngründe zureichend erschlossen werden sollen und Lernangebote in stärkerem Maße an die Bedürfnisse der Teilnehmenden ausgerichtet sind. Die Definition von Lernen vom Standpunkt des Subjekts aus, heißt für Holzkamp, die Gründe für das Lernen im „subjekthaft-aktiven Weltbezug, bzw. Weltzugriff als Erweiterung der Verfügung über die eigenen Lebensbedingungen zu verstehen"(Holzkamp 1993, S. 23).
Dieses Lernverständnis hat Konsequenzen für die pädagogischen Berufstätigkeit, hat Auswirkungen auf die Formen des pädagogischen Handelns:
Wie müssen sich in diesem pädagogischen Handeln die Lernkulturen entwickeln, um dieses expansive Lernen zu ermöglichen?
    - Wenn subjektive Lernbegründungen die Grundlage expansiven Lernens sind, dann müssten in Lehr-Lernkontexten solche Beratungsbedingungen

und Kommunikationsformen initiiert werden, innerhalb derer die wirklichen Lerninteressen der Betroffenen systematisch geäußert und berücksichtigt werden können.
- Der Berater soll gemäß seiner Kompetenz eine Praxis entfalten, in welche der zu Beratende schrittweise hineinwächst.
- Erkenntnisse entwickeln sich aus Diskrepanzerfahrungen heraus. Beratungsarrangements sollten daher so gestaltet sein, dass der Beratungsteilnehmer entweder an der eigenen Handlungsproblematik arbeiten kann oder er mit realistischen Problemen und authentischen Situationen konfrontiert wird, aus denen er es als sinnvoll erlebt, die eigene Handlungsfähigkeit zu erweitern.
- „Lernen erfordert `Perturbationen`, d. h. als relevant wahrgenommene Störungen der Mensch-Umwelt-Beziehungen."" (Arnold 2007, S. 76)

Bildung
Die Idee von Bildung stößt auf eine Wirklichkeit, welche von immer mehr Menschen als übermächtig, als erniedrigend, als entfremdet und als unüberschaubar erfahren wird. Dazu kommt, dass sich der europäische Bildungsgedanke scheinbar auflöst, wenn man die Diskurse und Entwicklungen in der Erziehungswissenschaft und Erwachsenbildung anschaut. „Ist es da nicht vollständig antiquiert, auch nur zu fragen, ob es so etwas wie Mündigkeit, Identität der Person, Kohärenz der Information, Selbstverwirklichung und Gesellschaftsgestaltung überhaupt noch geben kann?" (Faulstich/Zeuner 2006, S. 32).

Dem möchte ich mit einem „Nein" begegnen und mit einer sehr ehrwürdigen Beschreibung der Geistesgeschichte, die von Wilhelm von Humboldt stammt, reagieren: Bildung meint „ ...soviel Welt als möglich zu ergreifen, und so eng, als er nur kann, mit sich zu verbinden suchen" (Humboldt 1903, S. 283).

„Der Erwerb von Bildung ist ein lebensgeschichtlicher Vorgang, in dessen Verlauf die Individuen versuchen Identität herzustellen. Sie eignen sich Kultur an und entfalten dabei Persönlichkeit. Aus diesem Prozess entsteht die individuelle Biographie. Bildung in diesem Sinne kann es nur geben in modernen Gesellschaften, in denen der Ort, die Stellung und der Lebenslauf der Einzelnen nicht festgelegt ist" (Faulstich/Zeuner 2006, S. 34).

Der Bildungsbegriff wird jedoch im Alltagsgebrauch oft sehr kontrovers diskutiert, und in den letzten Jahren bekommt man teilweise den Eindruck, es gehe in Seminaren der Erwachsenenbildung nicht etwa um Bildung, sondern in erster Linie um Qualifizierung, z.b. für einen beruflichen Ein- oder Aufstieg. Ich möchte Bildung wie folgt verstanden wissen: ... als „Prozess und das Ziel der Kräftebildung, Selbstentfaltung und Selbstverwirklichung jedes Menschen in Auseinandersetzung mit der Welt. Bildung ist ein Gegenkonzept zu Erziehung und Ungleichheit" (Schlutz 2001, S. 51). Wenn man ein derartiges Verständnis von Bildung zugrunde legt, kann es nicht darum gehen, punktuell Anleitungen zu geben, um eine bestimmte Situation zu meistern. Ziel der Erwachsenenbildung muss sein, die Teilnehmer handlungsfähig bzw. handlungsfähiger zu machen; ihnen Wege aufzuzeigen, auch künftige Situationen souverän und selbstbestimmt zu bewältigen. So verstanden, hat Erwachsenenbildung nachhaltige Wirkung.

Ein Mensch soll durch Bildung die Gelegenheit erhalten, möglichst viele seiner Fähigkeiten in Lernprozessen zu entfalten, nicht zum Beispiel nur die, die ihn als Arbeitnehmer optimal verwertbar machen, sondern auch alle wichtigen anderen, die ihm die volle Entfaltung seines Menschseins ermöglichen. „Bildung heißt demnach, diejenige Kompetenzen zu erwerben, um Probleme zu verstehen, die eigene Position dazu zu finden, entsprechende Entscheidungen zu treffen und handelnd einwirken zu können"(Faulstich/Zeuner 2006, S.34).

1.2 Kontexte von Beratung
Beratung war ursprünglich integrierter Bestandteil des alltäglichen Lebens und Handelns und mit Blick auf Alltagsprobleme nicht an professionelle Kontexte und Rollen gebunden. Sie fand sozusagen durch Weitergabe von Wissen und Erfahrungen von Generation zu Generation statt.

Beratung, wie wir sie in heutiger Form kennen, ist keine Erfindung moderner Gesellschaften, obwohl sie erst im Laufe des letzten Jahrhunderts eine immer größer werdende Bedeutung erlangen konnte. Es gibt eine zunehmende Ausweitung von Beratungsfeldern und neuen Beratungsbereichen. Beratung ist sozusagen „allgegenwärtig". In den letzten Jahrzehnten fand eine kaum noch überschaubare Spezialisierung und Diversifizierung statt.

Es würde den Rahmen dieser Arbeit sprengen und wohl auch unmöglich sein, sämtliche Beratungskontexte im pädagogischen Bereich ausführlich erfassen zu wollen. Dennoch möchte ich hier zumindest einen kurzen Überblick über Formen von Beratung, sowie Beratung in der Erwachsenenbildung geben.

Neben alltäglicher Beratung, wie sie sozusagen „en passant" und i.d.R. nicht als Beratung wahrgenommen vorkommt, sei es nun im familiären Gespräch, unter Freunden oder Bekannten, gibt es verschiedene Bereiche professioneller Beratung. Alltägliche Beratung muss nicht explizit als solche benannt werden, sie findet meist spontan und ungeplant statt.

Viele Menschen fühlen sich durch gesellschaftliche Veränderungen oder berufliche Bedingungen überfordert. „Als eine individuelle und soziale Form der Orientierung und Problembearbeitung ist Beratung auch im Alltag überall dort anzutreffen, wo Personen nicht aufgrund eigener Erfahrungen, Kenntnisse, Kompetenzen urteilen, entscheiden oder handeln können und deshalb Unterstützung durch andere suchen." (Engel 2000, S. 210)

Schiersmann/Thiel grenzen von der alltäglichen Beratung die professionelle Beratung in der privaten Lebenswelt ab: z.B. Beratung für Kinder, Jugendliche und Erwachsene, Ehe-, Familien- und Lebensberatung, Schwangerschaftsberatung, Suchtberatung etc. Außerdem benennen sie Beratungselemente im professionellen Handeln beim Erziehen, Unterrichten, Ausbilden, Fortbilden usw.

Ein weiterer Bereich ist die professionelle Beratung in der beruflichen Lebenswelt. Zu diesem Bereich gehören nach Schiersmann/Thiel Berufsberatung, Weiterbildungsberatung, Supervision, Coaching, Projektberatung und

Organisationsberatung/-entwicklung (Schiersmann/Thiel, zit. nach Krause et al. 2003, S.74). Daneben gibt es noch den Bereich der psychologischen Beratung mit therapeutischen Interventionsformen.

1.3 Beratung als eine Grundform pädagogischen Handelns

Die Urform alles pädagogischen Handelns ist das Lehren und damit verbunden das Lernen. Über die Veränderungen im menschlichen Leben und Miteinander sind verschiedene andere Handlungsformen dazugekommen, wie die beratende Aktivität. Beratung wird mittlerweile neben Erziehen und Helfen als eine eigenständige pädagogische Handlungsmodalität betrachtet. Auf die Handlungsform „Beratung" möchte ich im Folgenden noch genauer eingehen.

„Der hohe Stellenwert von Beratung für die Teilhabe am ‚lebensbegleitenden Lernen' ist mittlerweile unumstritten." (Faulstich/Zeuner 2006, S. 949).

Ein Blick in die Geschichte zeigt, dass es sich bei der Pädagogischen Beratung immer um zwei Konzeptionen gehandelt hat, die manchmal unter dem Dachbegriff des Lernens verbunden wurden, meist aber in relativer Unabhängigkeit nebeneinander stehen. Im Mittelpunkt der pädagogischen Beratung stehen Schlüsselbegriffe wie Mündigkeit und Sozialisation. Diese beiden Schlüsselbegriffe verweisen auf völlig unterschiedliche Formen des Lernens und Erkennens, sind verknüpft mit unterschiedlichen Theorien und Disziplinen und bilden eigentlich ein in sich abgeschlossenes Theoriegebäude innerhalb der Pädagogik. Mit dem Begriff der Mündigkeit sind nun eher geisteswissenschaftlich-hermeneutische Traditionen verknüpft, die alle auf der Selbstreflexion aufbauen, während mit dem Sozialisationsbegriff empirisch-analytische, systemische, behavioristische Ansätze verbunden sind. Beratung ist hier Problemlösung, Verhaltensmodifikation und manchmal Psychoedukation. Die Bedeutung dieser Beratungsformen für die Pädagogik liegen zweifelsfrei in dem Tatbestand begründet, dass Klientinnen und Klienten zu einem nicht unerheblichen Teil die Pädagogische Beratung wegen materieller Probleme nutzen oder nutzen müssen.

Seit Beginn der 1990er Jahre treten zu diesen sozialisationstheoretisch und auf die materielle Existenz ausgerichteten Beratungsansätzen zunehmend managerielle oder suggestive Interventionsformen hinzu, deren Ziel die verbesserte Integration einzelner Menschen in einen meist beruflichen Gesamtzusammenhang, oder auch mehr Erfolg ist. Beratungsformen sind hier das Case-Management, das Neurolinguistische Programmieren und das Coaching (vgl. Gröning 2006).

1.4 Anlässe und Ziele pädagogischer Beratung

Pädagogische Beratung findet in sehr verschiedenen Zusammenhängen und auch in unterschiedlichen pädagogischen Handlungsfeldern implizit und explizit statt. Die Anlässe, die Ratsuchende dazu bewegen, pädagogische Beratung in Anspruch zu nehmen, sind dementsprechend
vielfältig.
Die Beratungsanlässe lassen sich nach Krause in drei Gruppen unterteilen: Informationsbedarf, inadäquate Belastung bzw. Entlastung sowie Prävention zur Verhinderung von antizipierten Problemen.
Der Beratungsbedarf wird dabei erlebt als eine „Diskrepanz zwischen einem Ist-Zustand und einem Soll- (evtl. auch Will-) Zustand" (Krause 2003, S. 28). Allgemein lässt sich feststellen, dass Beratungsbedarf dann besteht, wenn Personen an einem Punkt angekommen sind, an dem sie vermeintlich keine Ressourcen mehr haben bzw. aktivieren können. „Beratung soll und kann dann helfen, die vorhandenen Ressourcen zu identifizieren, bei der Auswahl der für die Lösung des Problems adäquaten Ressource zu helfen, den Einsatz dieser Ressource zu ermöglichen und die Ressource selbst zu erhalten und für zukünftige Anforderungen weiter zu entwickeln." (Krause 2003, S. 26)
Aus oben genannten Anlässen ergeben sich gleichzeitig die Ziele der Beratung und damit auch das Ende der Beratung. Wenn ein Ratsuchender Beratung in Anspruch nimmt, weil er einen Informationsbedarf hat, so ist das Ziel der Beratung erreicht, sobald er die benötigten Informationen bekommen hat. In den Fällen, in denen ein Ratsuchender die Beratung aus Gründen einer inadäquaten Belastung in Anspruch nimmt, ist der Zweck erfüllt, sobald sich der Ratsuchende in der Lage fühlt, seine Probleme aus eigener Kraft zu lösen.

Wird eine Beratung in Anspruch genommen, um antizipierte Probleme zu verhindern, so ist der Zweck der Beratung erfüllt, wenn der Beratene die notwendigen Kompetenzen erworben hat, mit dieser Problematik umzugehen. Das übergeordnete Beratungsziel, von dem sich alle untergeordneten Ziele ableiten lassen, ist damit die „Hilfe zur Selbsthilfe" (vgl. Krause 2003, S. 28). Dieses Ziel kann dadurch erreicht werden, dass die Ratsuchenden mit Unterstützung eines Beraters eigenverantwortlich die Lösung für ihr Problem finden. Ein Berater braucht in dieser Situation die Kompetenz abschätzen zu können, in welcher Phase der Beratung sich der Ratsuchende befindet. Solange einem Ratsuchenden das Problem noch unklar ist, macht es keinen Sinn, Informationen zu vermitteln oder einen Rat zu geben.

Im Rahmen pädagogischer Beratung sind für die Zielerreichung Lernprozesse notwendig, die von Beratern ausgelöst und angeleitet werden. Dazu ist es erforderlich, dass die Beratungsinhalte didaktisch reflektiert sind. In diesem Prozess geht es darum, dass die Ratsuchenden bestimmte Lernziele erreichen. Dadurch sollen Fähigkeiten vermittelt werden, um „das eigene Problem zu bestimmen, erreichbare Ziele zu definieren, reflektierte Entscheidungen zu treffen, Handlungspläne zu entwerfen, Ressourcen zu entdecken und zu nutzen, die selbst eingeleiteten Handlungen auf ihre Effektivität hin überprüfen zu können"
(Krause 2003, S. 28).

Bei dieser Initiierung von Lernprozessen kann es aus erwachsenenpädagogischer Perspektive nicht nur darum gehen, für ein akutes Problem eine möglichst schnelle Lösung zu finden, sondern es sollte ein langfristiges Ziel sein, den Ratsuchenden auch zu befähigen, zukünftige Probleme eigenverantwortlich und selbstreflexiv lösen zu können. Dann hat Beratung auch eine präventive Wirkung. Um dieses Ziel zu erreichen, muss sichergestellt sein, dass der Ratsuchende den Rat richtig verstanden hat. „Die Fähigkeit, die Folgen einer Beratung antizipieren zu können, ist verständlicherweise sehr wichtig. Sie verlangt unter anderem soziale Phantasie und ein Vorwegdenken möglicher Schwierigkeiten oder Fehlhandlungen. Deshalb muss klargestellt sein, ob der Rat auch richtig verstanden wurde."
(Giesecke 2000, S. 89)

Dieser Anspruch setzt natürlich auch Kompetenzen auf Seiten des Ratsuchenden voraus. Diese Kompetenzen können im Verlauf der Beratung gestärkt bzw. geschaffen werden, indem der Berater folgende globale Ziele der Beratung vor Augen hat, die sich durch die Beratungsliteratur finden lassen:
„Förderung der Problemlösefähigkeit: Der Beratene soll in die Lage versetzt werden, die Konflikthaftigkeit zu erkennen, Ursachen transparent werden zu lassen, den Konflikt effizient und mit möglichst einfachen Mitteln zu lösen." Als Ziel pädagogischer Beratung benennt Fittkau auch die „Hilfe zur Selbsthilfe". Er bezeichnet diese neben der Ressourcenaktivierung als das zentrale Ziel pädagogischer Beratung (Fittkau 2003, S. 60).
Diese Perspektive auf den Ratsuchenden wird von Aurin noch ausführlicher dargestellt, indem in seiner Definition pädagogischer Beratung die Zielsetzung folgendermaßen impliziert ist: „Pädagogische Hilfeleistung durch Beratung zielt durch besseres Verstehen des einzelnen auf Aktivierung der Selbstbehauptungskräfte des einzelnen, auf Aktivierung seiner Fähigkeit zur Selbsteinsicht und der Fähigkeit zur Neuorientierung seiner Einstellungen und Verhaltensweisen und zur Erkundung möglichst eigenständiger Lösungsmöglichkeiten von Problemen" (Aurin 1984, S. 18, zit. nach Sauer-Schiffer 2004, S. 15).

1.5 Historische Entwicklung der Beratung in der Erwachsenenbildung

Um die Bedeutung der Beratung in der Erwachsenenbildung einschätzen zu können, ist es auch sinnvoll, einen kurzen Überblick über die geschichtliche Entwicklung der Beratung zu geben. Prof. Dr. Sauer-Schiffer (Sauer-Schiffer 2004, S. 19), teilt die Einwicklung der Beratung in folgende Phasen ein:

Die erste Phase: „Ursprung"

Die erste Phase der Beratung, bezeichnet als „Ursprung", findet Mitte bis Ende der 1960er Jahre statt. Die Schlagworte der 1960er Jahre in der Erwachsenenbildung sind „realistische Wende und Planungseuphorie" (Siebert 1999, S. 60). Deutschland wird zu einer Leistungsgesellschaft, die sozialen Aufstieg und Wohlstand durch Qualifizierung verspricht. Die Institutionalisierung und Professionalisierung der Erwachsenenbildung wird beschleunigt, so dass Erwachsenenbildung als neue erziehungswissenschaftliche Disziplin anerkannt wird. So wird 1969 die Rahmenordnung für die Diplomprüfung in Erziehungswissenschaften erlassen; der erste Lehrstuhl für Erwachsenenbildung wird 1970 an der Pädagogischen Hochschule in Hannover etabliert. (Arnold et al 2001, S. 289).

Beratung gilt als eigenständige pädagogische Handlungsform. In wissenschaftlichen Veröffentlichungen wird Beratung z.B. bei Mollenhauer (ab 1964) thematisiert. Leitideen sind in dieser Zeit vor allem Emanzipation und Demokratisierungsthemen. Auch „lebenslanges Lernen" wird zum Schlagwort.

Die zweite Phase: „Erweiterung I"

Die zweite Phase, genannt „Erweiterung I", geht einher mit einer beginnenden Institutionalisierung der Beratung: Zum einen werden Beratungsstellen eingerichtet, zum anderen wird die alltägliche, professionelle Beratung in den Einrichtungen der Weiterbildung gestärkt und ausgebaut. Zeitlich gesehen liegt diese Phase Anfang bis Ende der 1970er Jahre (vgl. Sauer-Schiffer 2004, S. 19).

Die 1970er Jahre sind das Jahrzehnt der Bildungsexpansion. 1970 legt der Deutsche Bildungsrat den „Strukturplan für das Bildungswesen" vor. Die Definition des Begriffes „Weiterbildung" durch den Deutschen Bildungsrat lautet: „Weiterbildung ist die Fortsetzung oder Wiederaufnahme organisierten Lernens nach Abschluss einer unterschiedlich ausgedehnten ersten Bildungsphase."
(Deutscher Bildungsrat, zit. nach Siebert 1999, S. 65).

Anfang der 1970er Jahre wird Beratung im Zuge der Bildungsreform als dauerhaftes Postulat und Diskussionsthema in Bildungspolitik und Wissenschaft etabliert. Beratung gilt als „Struktur-element des Bildungswesens". Die Anpassung des Subjekts an das System der Weiterbildung steht als Ziel von Beratung im Vordergrund. In der Praxis der Beratung erfolgt die Nutzung und Aufarbeitung psychologischer Ansätze, z.B. die „nicht-direktive Beratung" nach Rogers (vgl. Sauer-Schiffer 2004, S. 20).

Die dritte Phase: „Erweiterung II"
Diese dritte Phase der geschichtlichen Entwicklung von Beratung liegt zeitlich gesehen Anfang bis Mitte der 1980er Jahre. In den 1980er Jahren kommt es zur Reduzierung der öffentlichen Verantwortung und zu einer verstärkten Funktionalisierung der Weiterbildung für arbeitsmarktpolitische Erfordernisse. Weiterbildung wird zunehmend zum Bestandteil der Arbeitsmarktpolitik und Personalentwicklung (Siebert 1999, S. 68 ff.).
In Bezug auf die Beratung bedeutet das, dass die Rolle des lernenden Subjekts betont wird. Bildung muss auf den Menschen Bezug nehmen. Schlagworte sind in dieser Zeit: Qualifizierungs- und Lernberatung, Weiterbildungsberatung, Beratung als Lernhilfe. Beratung wird in dieser Phase oft gleichgesetzt mit Information. Die wissenschaftliche Auseinandersetzung mit dem Thema Beratung erfolgt hauptsächlich mit Fokus auf die Abgrenzung von Beratung und Therapie.
Es gibt in dieser Phase vereinzelte Initiativen und Modellprojekte zur Beratung in der Erwachsenenbildung.

Die vierte Phase: „Ausbau"
Die Phase des Ausbaus findet Mitte der 1980er bis Mitte der 1990er Jahre statt. Beratung gilt als integraler Bestandteil pädagogischen Handelns und als Entscheidungshilfe. Die Modelle der dritten Phase erfahren eine Ausdehnung. Beratung findet vorwiegend als Weiterbildungsberatung statt und gilt als „Scharnierstelle" zwischen Angebot und Teilnehmer. Bei Mader hat Beratung eine „Gelenkstellenfunktion" zwischen Anbietern und Nachfragern (Mader 1994). Bildung wird angesehen als Mittel zwischen Qualifikation und Aufklärung und als Instrument der Arbeitsmarktpolitik.
In dieser Phase entstehen Ansätze pädagogisch fundierter Beratungstheorien. Bezogen auf die Praxis werden Projekte zur Institutionalisierung von Beratungsstellen gefördert. Außerdem erfolgt der Ausbau von Konzepten zur Lernberatung.

Die fünfte Phase: „Differenzierung und Boom"
Die fünfte Phase, die Differenzierung und Boom genannt wird, hat Mitte bis Ende der 1990er Jahre ihren Verlauf. Seitdem findet eine Entstrukturierung der Erwach-

senenbildung statt. Es gibt bis heute eine Vielzahl unterschiedlicher privater und öffentlicher Anbieter. Zentrale bildungspolitische Themen sind Qualitätsstandards und Qualitätssicherungen der Bildungsarbeit. Schlagworte wie „lebenslanges Lernen", „selbstgesteuertes Lernen" etc. werden immer häufiger diskutiert, auch werden „neue Lernkulturen" thematisiert (vgl. Siebert 1999, S. 73ff.).
Die Beratung differenziert sich immer mehr aus. Es ist die Rede von personen- und institutionsbezogener Beratung, Lernberatung, Bildungsberatung, Qualifizierungsberatung, Qualitätsentwicklungsberatung, Organisationsberatung, Supervision, Coaching, Beratung als Instrument der Personalentwicklung etc..
Die wissenschaftliche Auseinandersetzung erfolgt in dieser Zeit überwiegend in Bezug auf Lernberatung und die Verortung der Beratung (vgl. Sauer-Schiffer 1994, S. 25).

Die praktische Durchführung der Beratung erfolgt unter zunehmender Einbindung psychotherapeutischer Techniken als Beratungsgrundlage. So werden z.B. NLP, Transaktionsanalyse, tiefenpsychologische und systemische Ansätze verwendet.
„Systemische Beratungsformen haben für die Pädagogik vor allem im Bereich der Erziehungsberatung ihre große Bedeutung und ihren institutionellen Ort. Die kommunikationstheoretischen Grundlagen von Watzlawick, wie auch die familiendynamischen Betrachtungsweisen sozialer Systeme stellen wichtige Ergänzungen zur pädagogischen Diagnose dar." (Gröning 2006, S. 141)
In der Personalentwicklung und in der Weiterbildung von Führungskräften findet immer mehr Beratung statt. So wird beispielsweise Coaching zunehmend thematisiert (z.B. Schreyögg 1998, Rauen 2000). Auch Mediation als Verfahren zur Konfliktlösung wird in der Personalentwicklung vereinzelt eingesetzt.

Die sechste Phase: „Theorie und Praxis der Beratung heute"
Beratung in der heutigen Zeit erlangt eine zunehmende Bedeutung und ist ein pädagogischer Theorie- und Praxisbereich, der im Alltag von Pädagogen fest verortet ist. Beratung wird ver-stärkt nachgefragt in einer Zeit, die von Internationalisierung, Ökonomisierung und Schnelligkeit geprägt ist. Ansätze wie Konzepte des lebenslangen Lernens, Qualitätssicherung, neue Lernkulturen, Kompetenzde-

batten und selbstgesteuertes Lernen sollen behilflich sein, die vielfältigen Anforderungen zu bewältigen (vgl. Sauer-Schiffer 2004, S. 27).

„In der aktuellen Beratungslandschaft sind neben den systemischen Beratungsformen weitere Gruppen oder auch Typen von Beratung zur Kenntnis zu nehmen. Begründung haben diese Ansätze durch die Theorie der reflexiven Moderne erhalten, in deren Mittelpunkt die Annahme einer umfassenden Individualisierung steht" (Gröning 2006, S. 155). Zum Beispiel ein Beratungsmodell von Chur, welches er ‚handlungsleitend' nennt und welches eine neue Kritik der hermeneutischen pädagogischen Beratung begründet."(Gröning 2006, S. 155) Und eine weitere Variante des modernen Themas in der Beratung kommt von Schreyögg – Gestaltsupervisorin und Coach. Sie vertritt im Bezug auf Supervision und Moderne ein „Konzept des Coaching als strategische Beratung für Führungskräfte. Dabei unterscheidet sie in Bezug auf das Coaching zwischen Personalentwicklung und Personenentwicklung als bedeutende Kategorie" (Gröning 2006, S 157).Teilweise wird Beratung zum vermeintlichen „Allheilmittel".

Dieser Trend spiegelt sich im beruflichen Alltag von Erwachsenenbildnern wieder. Nach dem Survey 2001 sind z. B. 70% der Diplom-Pädagogen beratend tätig. Trotzdem ist Beratung eine Zusatzqualifikation (vgl. Sauer-Schiffer 2004, S. 28) und kann nicht allein durch das Studium erworben werden.

1.6 Abgrenzung von Beratung und Therapie
Die Begriffe Beratung und Therapie sind im Alltagsgebrauch vermeintlich leicht zu unterscheiden. Beratung stellt sich dar als das Einholen von Informationen durch Ratsuchende bei Personen oder in Institutionen, um Hilfe bzw. Unterstützung in schwierigen Situationen zu erlangen, Entscheidungen leichter treffen zu können etc..

Therapie dagegen wird notwendig zur Heilung kranker Personen, die mit ihrem Leben nicht zurechtkommen. Ihre Krankheitsursachen müssen aufgedeckt werden oder sie brauchen Hilfen zur Verhaltensänderung. Diese trivialisierte Alltagssicht reicht natürlich für eine professionelle Unterscheidung bei weitem nicht aus und bietet keine adäquate Entscheidungshilfe. Wissenschaftlich betrachtet ist nach Kraft die Ausgangsfrage entscheidend. Diese lautet je nach Situation unterschiedlich. Der pädagogische Berater fragt: „Was wollen Sie lernen?", während der Therapeut fragt: „Wie geht es Ihnen?"

So einfach scheint es jedoch nicht zu sein, die Formen Beratung und Therapie zu unterscheiden, denn Lernen kommt in beiden Formen vor. So führt Giesecke (2000, S. 26) aus, dass pädagogisches Handeln sich im Prinzip auf alle möglichen Lerninhalte richten kann. Er bezeichnet an dieser Stelle auch tiefenpsychologische Verfahren als Lernhilfe, weist aber darauf hin, dass Pädagogen die dafür erforderliche Fachkenntnis nicht qua Ausbildung besitzen, sondern zusätzlich erwerben müssen.

In der Beratung geht es um die interne Blockierung des Systems, in der Therapie um eine veränderte Problemlage, durch die Hilfestellung.

Bei der Beratung werden vorhandene Strukturen gefordert, die Psychotherapie leistet einen Beitrag zur Auflösung des Problemsystems (vgl. Brem-Gräser l993, S. 10). Diese Sichtweise reicht für die Erwachsenenbildung nicht aus, da sie auf diesen Kontext bezogen nicht umfassend genug ist.

Bezogen auf eine erwachsenenpädagogische Perspektive, die im Rahmen dieser Arbeit relevant ist, bietet Schmitz (1983) eine Abgrenzung an, indem er die Struktur therapeutischen, beratenden und erwachsenenpädagogischen Handelns untersucht. Er betont, dass dieser Abgrenzungsversuch schwierig ist und dass die üblichen Versuche, Beratung gegen Therapie abzusetzen, nicht ausreichen, weil eine Außenperspektive angewandt wird. Bei einer solchen Abgrenzung handelt es sich nach seiner Auffassung eher um eine Arbeitsplatzbeschreibung als um Erklärungsversuche.

Schmitz unternimmt daher einen Versuch, die Abgrenzungsproblematik „von innen her" anzugehen, indem er die Handlungsstrukturen untersucht. Seine These lautet, dass „man eine Unterscheidung zwischen Therapie, Beratung und Erwachsenenbildung a priori gar nicht treffen kann; denn das, was ein Therapeut, ein Berater oder ein Erwachsenenpädagoge praktisch tut, enthält in jedem Fall zugleich Elemente therapeutischen, beratenden und erwachsenenpädagogischen Handelns." (Schmitz 1983, S. 61).

In den Interventionsformen Therapie, Beratung und Erwachsenenbildung werden die Interaktionsthemen Moral, Identität und Wahrheit behandelt. Je nach Gewichtung dieser Themen ist die entsprechende Interventionsform zu wählen. Nach Schmitz ist die Erwachsenenbildung die komplizierteste Interventionsform, da in der Praxis alle drei Themenfelder vorkommen: das Thema Wahrheit z.B. in qualifizierenden Bildungsprozessen, das Thema Identität in Selbsterfahrungsgruppen und das Thema Moral beispielsweise in der politischen Bildung (vgl. Schmitz 1983, S. 73).
Obwohl der Ansatz von Schmitz bereits aus dem Jahr 1983 stammt, hat sein Erklärungsversuch auch heute noch Relevanz. Ein Studium mit dem Schwerpunkt Erwachsenbildung ist interdisziplinär angelegt, und nach meiner Auffassung ist das, auch wegen der geschilderten Thematik sehr sinnvoll.

Die Grenzen zwischen Beratung und Therapie sind oft fließend und die Unterschiede häufig nicht eindeutig zu bestimmen. Damit ein Erwachsenenbildner diese Grenzziehung vornehmen kann, vor allem im Hinblick auf seine eigene Kompetenz, braucht er entsprechendes Wissen darüber.
Ein Berater sollte die Unterscheidung zwischen Beratung und Therapie nicht nur im Interesse des Ratsuchenden treffen können, sondern auch im Hinblick auf seine eigene Tätigkeit. Die Selbstreflexion ist dabei sehr wichtig. Ein Berater sollte sich stets seiner Verantwortung dem Ratsuchenden gegenüber bewusst sein und sich die eigenen Grenzen eingestehen können, auch wenn das bedeuten sollte, möglicherweise einen Klienten zu verlieren.

Es ist festzustellen, dass es eine Grauzone zwischen Beratung und Therapie gibt, wodurch eine Vielzahl von Seminarangeboten entsteht. Das gibt Anlass dazu, die Kompetenzen von Beratern, Dozenten und Therapeuten kritisch zu hinterfragen. Vielleicht gibt es gerade auch in dieser sensiblen Grauzone fähige und inkompetente Berater, wie es auch gute und schlechte Therapeuten, gute und schlechte Dozenten gibt. Dass Inkompetenz allerdings dort, wo es um Gefühle, Identität und Selbstmanagement geht, ungleich gefährlicher werden kann, sollte zu sorgfältiger Prüfung diesbezüglicher Angebote veranlassen.

Festzuhalten bleibt in Bezug auf die Kompetenz von Pädagogen als Berater daher Folgendes: „Beratung ist ein interdisziplinärer Theorie- und Praxisbereich, der sowohl pädagogische als auch psychologische Bezüge aufweist. Wichtig für die Praxis der Pädagogen ist vor allen Dingen, dass sie ein fundiertes Orientierungswissen über psychologische Theorien, therapeutische Modelle und Ansätze besitzen" (Sauer-Schiffer 2004, S. 46).

Ein weiterer entscheidender Aspekt ist auch die Wechselwirkung, die meiner Meinung nach sowohl Beratung als auch Therapie haben können. Auf der einen Seite kann durch eine Beratung ein therapeutischer Bedarf ausgelöst werden, z.B. durch Bewusstmachung bestimmter Probleme in der Beratung. Beratung kann somit auch zu neuen Unsicherheiten führen, dadurch, dass neue Optionen geschaffen werden.

Andererseits kann eine erfolgreich verlaufene Therapie aber auch einen Beratungsbedarf auslösen. Ein Klient, bei dem z.B. während oder nach einer Therapie der Wunsch nach beruflicher Veränderung entsteht, kann sich nun nach der Stärkung seiner Persönlichkeit in der Lage sehen, diesen Wunsch zu realisieren. Die Umsetzung kann dann einen entsprechenden Beratungsbedarf, z.B. in Form einer Weiterbildungsberatung oder einer Aufstiegsberatung auslösen.

Sowohl Berater als auch Therapeuten sollten ihre Interventionen so gut reflektieren können, dass sie dabei stets ihre eigenen Grenzen beachten. Zudem müssen sie aber auch bereit sein, den Ratsuchenden bzw. Patienten bei Bedarf an die jeweils andere Instanz zu verweisen.

Möglicherweise können Beratung und Therapie parallel durch verschiedene Personen erfolgen. Denkbar ist aber auch, dass Anteile sowohl von Beratung als auch von Therapie in unterschiedlicher Gewichtung in beiden Interventionsformen vorkommen.

So ist auch nach Kil/Thöne Beratung zwar keine Therapie, aber trotzdem nicht trennscharf von Therapieformen zu unterscheiden. Beratung und Therapie können als ein Kontinuum begriffen werden. „Beratung nimmt eher aktuell auftretende Schwierigkeiten und Konflikte zum Gegenstand, während Psychotherapie vorwiegend auf Heilung, Persönlichkeitsumgestaltung und Neueinstellung der Person zielt, weil z.B. tiefgreifende emotionale Erschütterungen und Gefühle von Ausweglosigkeit eine eigenverantwortliche Lebensführung unmöglich machen." (Kil/Thöne 2001, S. 134).

Therapie orientiert sich an Störungen und Defiziten, Beratung eher an Ressourcen, was auch an der Zielsetzung zu erkennen ist. Der Ratsuchende interessiert sich für das angebotene Lernziel des Pädagogen, während der Patient in der Therapie auf Heilung hofft.

2.0 Analyse der Beratungsform Coaching

Hinter dem Begriff Coaching verbergen sich viele unterschiedliche Ansätze, Methoden und Konzepte, so dass mit diesem Begriff zum Teil sehr unpräzise und undifferenziert umgegangen wird.

In diesem Kapitel soll Coaching als Beratungsform vorgestellt und analysiert werden. Diese Zielsetzung wird erreicht, indem ich die folgenden Aspekte untersuche:

- Herkunft und Entwicklung
- Begriffsdefinition
- Anlässe von Coaching
- Ziele von Coaching
- Coaching-Varianten
- Ablauf eines Coaching-Prozesses
- Grenzen von Coaching

2.1 Herkunft und Entwicklung

Der Begriff Coaching leitet sich von dem ungarischen Wort „Kotscha" für Kutsche ab. Diese Ableitung lässt sich auch als Metapher verwenden: Die Kutsche ist ein Beförderungsmittel, um sich auf den Weg zu machen und ein Ziel zu erreichen. In diesem Sinne kann man Coaching als Verfahren ansehen, jemanden sicher an sein Ziel zu bringen.

Der Begriff Coaching wurde bereits im 19. Jh. in seiner Bedeutung als fördernde Maßnahme gebraucht. Im angloamerikanischen Raum wurden Personen, die andere auf Prüfungen, spezielle Aufgaben und sportliche Wettbewerbe vorbereitet haben, als Coach bezeichnet (vgl. Rauen 2001, S. 20). Eine gewisse Popularität erhielt der Begriff Coaching durch seine immer größere Bedeutung im Sport. In diesem Bereich umschreibt Coaching die Beratung, Betreuung und Motivierung von Leistungssportlern vor und nach dem Wettkampf sowie währenddessen. Diese mentale Vorbereitung und Betreuung gilt neben dem körperlichen Training als wichtige Erfolgskomponente (vgl. Rauen 2001, S. 21).

Dr. Hans Eberspächter, Psychologe und Professor am Sportinstitut der Universität Heidelberg, definiert Coaching folgendermaßen: „Coaching ist Betreuung im Sinne teilnehmender Hilfestellung, beim Lösen von Problemen im leistungsorientierten Sport vor, während und nach Beanspruchungen und Belastungen in Training und Wettkampf. Basis von Coaching ist die Humanistische Psychologie."

Sie entwickelte sich seit den 60er Jahren von den USA aus. Ihre Wurzeln sind allerdings in die 50er und sogar in die 40er Jahre hinein zurückzuverfolgen, so etwa Fritz und Laura Perls` Buch „Ego, Hunger und Aggression", das 1942 in Südafrika erschien. Der Anstoß war wohl der Wunsch nach einer Alternative zu den in der ersten Hälfte des 20. Jahrhunderts dominierenden Schulen der Psychologie: der Psychoanalyse im Gefolge Freuds und dem Behaviorismus. In beiden Ansätzen erschien der Mensch nicht als aktives, selbstgestaltendes Wesen. Die menschlichen Bedürfnisse jenseits der primären Bedürfnisse wie Nahrung, Schlaf, Sexualität usw. fanden entweder als sekundäre Antriebe oder als Sublimierung nur randständige Beachtung. Eine Gruppe von Psychologen wie Carl Rogers, Abraham Maslow und auch Erich Fromm u. a. setzten eine andere Menschensicht dagegen.

Als zentrale Überzeugungen und grundlegende Postulate der Humanistischen Psychologie gelten die folgenden:
- „Menschen besitzen ein humanes Potential in Form von Hilfsbereitschaft, Güte, Wohlwollen und Wertschätzung. Ob dieses auch zum Ausdruck kommt, ist damit noch nicht gesagt. Die Eigenschaften

sind jedoch potentiell vorhanden.
- Menschen wohnt eine grundsätzliche Neigung zu Selbstheilung und Selbstverwirklichung inne, also zum Wachstum über das Leben hinweg.

- Menschen sind des weiteren durch eine Sinnorientierung bestimmt – als existentielle Suche nach Sinn- und Werteorientierung für das eigene Dasein und Handeln.

- Menschen steuern sich selbst und haben prinzipielle Verantwortung für das eigene Leben und dessen Ausgestaltung – verbunden mit der Aufgabe, Entscheidungen zu fällen und Verpflichtungen zu übernehmen.

- Lebewesen werden generell als flexibel und veränderungsfähig betrachtet, nicht als statisch und festgelegt.

- Zugänge zum Menschen sind vor allem möglich über die Phänomenologie: das akzeptierende Einfühlen und Eindenken in dessen eigene Wahrnehmung und Repräsentation der Welt – auch über Befragen.

- Der Mensch und die Welt werden ganzheitlich oder auch integrativ betrachtet: physische und psychische Anteile, Gedanken und Gefühle bilden beim Menschen eine untrennbare, ganze integrierte Einheit; Analysen dürfen nicht ohne eine Berücksichtigung des Gesamtzusammenhanges bleiben, da das Ganze mehr repräsentiert als die Summe der einzelnen Teile"(Kleber/Stein 2001, S. 111).

Dies alles waren zunächst unbelegte Postulate, die sich aus der Reflexion der Beteiligten über den Menschen ergaben. „Über diese zentralen Überzeugungen hinaus unterschieden sich die verschiedenen Ansätze humanistischer Psychologie teilweise beträchtlich"(Kleber/Stein 2001, S. 111).
„Im wesentlichen hat sich die humanistische Pädagogik aus der humanistischen

Psychologie entwickelt. Weitere Verbindungen bestehen zur Reformpädagogik und zur emanzipatorischen Pädagogik nach 1968" (Kleber/Stein 2001, S. 116).

Eine Arbeitsgruppe `Humanistische Pädagogik` der Association for Supervision and Curriculum Development fasste 1978 die grundlegenden Ziele der Humanistischen Pädagogik zusammen:

- „Sie akzeptiert die Bedürfnisse des Lernenden und stellt Erfahrungsmöglichkeiten und Programme zusammen, die sein Potential berücksichtigen.
- Sie erleichtert Selbst-Aktualisierung und versucht in allen Personen ein Bewusstsein persönlicher Wertschätzung zu entwickeln.
- Sie betont den Erwerb grundlegender Fähigkeiten, um in einer aus vielen Kulturen bestehenden Gesellschaft zu leben. Dies beinhaltet akademische, persönliche, zwischenpersönliche, kommunikative und ökonomische Bereiche.
- Sie versucht, pädagogische Entscheidungen und Praktiken persönlich zu machen. Zu diesem Zweck beabsichtigt sie, den Lernenden in den Prozess seiner eigenen Erziehung miteinzubeziehen.
- Sie anerkennt die wichtige Rolle von Gefühlen und verwendet persönliche Worte und Wahrnehmungen als integrierte Teile des Erziehungsprozesses.
- Sie entwickelt ein Lernklima, das persönliches Wachstum fördert und das von den Lernenden als interessant, verstehend, unterstützend und angstfrei empfunden wird.
- Sie entwickelt in den Lernenden einen echten Respekt für den Wert des Mitmenschen und die Fähigkeit, Konflikte zu lösen..."
(Kleber/Stein 2001, S. 117f.).

„Das pädagogische konstruktive Menschenbild macht die Humanistische Pädagogik als Rahmen für die Entwicklung von Lernkulturen hoch interessant. Angebotene Methoden und Techniken, die sich aus den obigen Grundsätzen ergaben, flossen zunächst in die Supervisonsarbeit ein, und später waren sie Grundlage für die Coaching-Entwicklung. Die Tools bedürfen allerdings der kritischen Hinterfragung: Allzu schnell könnten Methoden und Techniken als bloße Tricks und damit auch zu manipulativen Zwecken eingesetzt werden – eine Kritik, die sich deutlich in der Diskussion um das Neurolinguistische Programmieren zeigt. Zudem besteht angesichts der engen Verbindung therapeutischer und pädagogischer Konzepte und Arbeitsweisen die Gefahr einer Therapeutisierung pädagogischen Handelns. Letztlich bleibt es der Verantwortung des jeweiligen Pädagogen überlassen, darauf zu achten, weder die Grenzen der eigenen Kompetenz zu überschreiten, noch die Möglichkeiten, die das jeweilige Setting bietet"(Kleber/Stein 2001, S. 119).

Als die pädagogische Strömung der zweiten Hälfte des 20. Jahrhunderts bot die Humanistische Pädagogik mit ihren Konzeptionen von Mensch und Welt eine Fülle von Anregungen für Beratung und später Coaching.

„Coaching impliziert Diagnostik, Beratung, Modifikation suboptimalen Erlebens, Verhaltens und Handelns. Effizienzkriterium ist die realisierte sportliche Leistung." (Eberspächter, zit. nach König in Wilker 1999, S. 249).

Lässt sich das auch auf den beruflichen Bereich übertragen? Kann ein Manager mit dem richtigen Coach Höchstziele erreichen?

In die siebziger Jahren des letzten Jahrhunderts lässt sich die Entwicklung von Coaching im betrieblichen Kontext zurückverfolgen. Zu dieser Zeit beschreibt der Ausdruck Coaching in den USA einen personen- und entwicklungsorientierten Führungsstil, mit dem Mitarbeiter zu einer persönlichen Weiterentwicklung und zur Verbesserung ihrer Leistungsfähigkeit angeregt werden sollen (vgl. Rauen 2001, S. 22). In Deutschland wird diese Idee in den 1980er Jahren unter dem Begriff der Führungskraft als Coach weiterentwickelt. Es gilt das Motto: „Der Vorgesetzte ist der wichtigste/beste Trainer seiner Mitarbeiter" (Böning 1994, S. 173). Parallel zur Idee der Führungskraft als Coach setzt sich in den achtziger Jahren das Coaching auch als Beratung für Führungskräfte durch. In dieser Anfangsphase ist das Coaching nur Top-Führungskräften und wenigen Beratern vorbehalten, es entwickelt sich zu einer Beratungsdienstleistung durch einen organisationsexternen Coach. Vor dem Hintergrund einer „Psychologisierung" der Gesellschaft stehen bei dieser Beratungsform nicht nur berufliche, sondern auch private As-

pekte im Vordergrund (vgl. Rauen 2001, S. 23).
Auch die Anzahl der Veröffentlichungen zu diesem Thema steigt in dieser Zeit rapide an. Am Ende der 1980er Jahre kommt das interne (Einzel-) Coaching durch einen der Personalabteilung angehörigen Coach dazu. Dabei gelten als Zielgruppe eher das mittlere und untere Management. Coaching wird zum Instrument der Personalentwicklung.
Seit den 1990er Jahren gilt Coaching als „Modeartikel" (Rauen 2001, S. 24). Seminarangebote, Trainings, Anleitungen, Gespräche, etc. werden als Coaching bezeichnet, so dass eine große Unübersichtlichkeit darüber herrscht, was denn überhaupt Coaching ausmacht.

In jüngster Zeit lässt sich beobachten, dass zentrale Grundannahmen aus dem Umfeld des Konstruktivismus und der Systemtheorie in Theorie und Praxis von Coaching eingeflossen sind. Ausgangspunkt konstruktivistischer Theorien ist, dass der Mensch seine Wirklichkeit selbst konstruiert, ohne zu wissen, wie die Außenwelt real beschaffen ist. Wahrnehmungen des Menschen sind somit immer nur seine Erfahrungen zu Dingen, denen er eine Bedeutung zuschreibt, aber nicht die Dinge per se.
„Es gibt keine Ebene organisationsfreier unmittelbarer Wahrnehmung. Als Organismus haben wir keinen kognitiven Zugang zu unserer Umwelt, sondern nur als Beobachter" (Schmidt 1987, S. 18). Sämtliche Informationen, die ein System zur Aufrechterhaltung seiner Organisation benötigt, liegen in seiner Organisation selbst, und nur darauf kann sich das Individuum beziehen. Durch diese Strukturdeterminiertheit kann ein System daher nur mit den eigenen kognitiven Systemzuständen interagieren und vorrangig durch negative Rückkopplungsprozesse weitere kognitive Komponenten selbst herstellen, was als „Selbstreferenzialität"(Arnold 2007, S. 69) bezeichnet wird. Ziel dieses „autopoietischen" Zyklus (Arnold 2007, S. 69) ist es, die eigene Identität (bzw. das eigene System) aufrechtzuerhalten und damit einen psychischen Gleichgewichtszustand zu erhalten. Äußere Einflüsse werden zunächst als „Perturbationen" (Arnold 2007, S. 69), d. h. Störungen empfunden und entsprechend der eigenen kognitiven Struktur verarbeitet. Anhand der Resultate früher Aktivitäten entscheidet das Gehirn, wie die Aktivitäten

der Nervennetze gesteuert und gekoppelt werden. Es fungiert insofern wie ein „Neuigkeits- und Relevanzdedektor" (Siebert 1999, S. 19), der aus der Fülle der möglichen Inputs solche auswählt, die subjektiv von Interesse und bedeutend zu sein scheinen. Ereignisse bzw. Erscheinungen der Umwelt werden somit nicht automatisch als Information aufgenommen. Vielmehr wird ihnen eine Bedeutung zugeschrieben, die auf der Grundlage und durch den Vergleich mit früheren Erfahrungen gebildet wird (vgl. Schmidt 1987, S. 14). Diesen Vorstellungen folgend, ist Lernen ein weitgehend selbstorganisiert ablaufender Aneignungsprozess der Lernenden. Er ist systemisch und situativ und wird letztlich von dem kognitiven Vorwissen, den Verarbeitungsprinzipien, Motivationen und Emotionen der Lernenden gesteuert. Daher kommt den Lernenden immer ein hohes Maß an Selbststeuerung zu. Auf Grund ihrer Strukturdeterminiertheit verarbeiten die Lernenden dargebotene Inhalte auf je spezifische Weise weiter, indem die wahrnehmungsbedingten Erfahrungen in Abhängigkeit von den gegenwärtigen mentalen Strukturen und bestehenden Überzeugungen interpretiert werden. Erwachsene generieren also das was sie lernen selbst. Die Lernenden konstruieren sich damit ein je eigenes Bild vom Lerngegenstand und der Lehr-/Lernsituation. Dieser Konstruktionsprozess ist aber nicht beliebig, sondern erfährt durch den situativen Lernort sowie den sozialen Erfahrungen im Kursgeschehen eine Rahmung, die bestimmte Wirklichkeitskonstruktionen mehr oder weniger „viabel" (Arnold 2007, S. 69) und dadurch wahrscheinlich werden lässt. Das Konzept der „Viabilität" ist für konstruktivistische Theorien ein zentrales Element. In der Biologie bezieht sich die Viabilität auf die evolutive Angepasstheit, d. h. ein Organismus muss unter den einschränkenden Bedingungen seiner Umwelt in der Lage sein, sein Gleichgewicht zu erhalten und zu überleben.

„Eine Übertragung des Viabilitätsprinzips auf das Lehr-/Lerngeschehen bedeutet, dass Lernende wie Lehrende zunächst mit Hilfe vertrauter kognitiver Schemata die Lernsituation interpretieren und an vorhandenes Wissen anzuschließen versuchen. Dies führt möglicherweise dazu, dass jeder Akteur aus dem Situationskontext nur das herausgreift, was für ihn in diesem Moment passend erscheint" (Schüssler 2000, S. 23).

Die Viabilitätsthese gibt Erklärungsansätze für Verhaltensweisen, die als Lernwiderstand interpretiert werden. So kann zum Beispiel die Abwehrhaltung gegenüber bestimmten Lerninhalten darauf hindeuten, dass der Lernende dieses neue Wissen nicht in die eigenen kognitiven Strukturen einpassen kann oder will.

„Die systemisch-konstruktivistische Lerntheorie hat zu einem neuen Blick auf Lehren und Lernen geführt. Lehren und Lernen werden nicht mehr in logischer Abhängigkeit zueinander betrachtet, vielmehr gelten sie als zwei selbstreferenzielle Systeme"(Siebert 1994, S. 52).

Das heißt : Es wird also auch gelernt, ohne dass gelehrt wurde und es wird auch anderes gelernt als das was gelehrt wurde. Die Vorstellungen, Lernen ließe sich durch Lehren erzeugen oder auch eine Lehrform könne eine bestimmte Lernwirkung auslösen, müssen danach stark in Frage gestellt werden. Lernen kann ermöglicht, aber nicht erzeugt werden (vgl. Arnold/Schüßler 2003), was Auswirkungen für die Gestaltung pädagogischer Prozesse hat:

- Wenn Denken, Lernen und Wissensaufbau von bisherigen Erfahrungen abhängen – also durch die vorhandenen kognitiven und emotionalen Strukturen bestimmt werden, müssen Lernprozesse an diesen vorhandenen Strukturen anschließen.

  Dies bedeutet, dass Wissensstrukturen gezielt bewusst gemacht werden müssen, damit Lernende ihre Wissensnetze differenzieren, ergänzen und modifizieren können.

- Neues wird wahrgenommen, wenn es als bedeutsam in bestehende Wissensstrukturen integriert werden kann. Daher müssen Lernumgebungen Wahrnehmungs- und Bedeutungsunterschiede und auch ein Nichtverstehen bewusst im Lernprozess aufgreifen und in bedeutende Differenzerfahrungen überführen. Zum Umgang mit den resultierenden Verunsicherungen der Lernenden sollten Hilfe- und Beratungssysteme in Lernumgebungen zur Verfügung stehen, um Lernende emotional zu unterstützen.

- Wenn die Konstruktion von Wissen auf eine spezifische Weise durch die menschliche Struktur des Lernenden konfiguriert wird und Impulse von außen auf diese Grundlage selbstorganisiert weiterverarbeitet werden,

dann müssen Lernumgebungen vielfältige Erschließungszugänge bereitstellen und die Eigenaktivität des Lernenden unterstützen. Flexible Lernumgebungen scheinen hierzu eher geeignet, als vorab geplante, starre Lernarrangements.
- Wenn Lerninhalte vom Lernenden als für seine Zwecke und Handlungsprobleme relevant wahrgenommen werden und somit auf konkrete Situationen bezogen werden können, findet nachhaltiges Lernen statt. Handlungs- und problembezogene Lernumgebungen ermöglichen den Lernenden, Wissen situiert zu verankern, sofern sie an die Handlungsproblematiken der Lernenden anschließen.
- Die Konstruktion von Wissen und die Überprüfung seiner Passfähigkeit findet aber auch im Austausch mit anderen statt. Daher sollen Lernumgebungen diesen Austausch organisieren und über gezielte Rückmeldung den Lernenden im Aufbau und der Differenzierung seiner kognitiven Strukturen orientieren (vgl. Arnold/Schüßler 2003).

Systemisch-konstruktivistisches Denken hat in den letzten Jahren überall dort beachtliche Resonanz gefunden, wo Menschen sich in sozialen Systemen bewegen und interagieren. Ein wesentlicher Grund dafür ist die Erfahrung, dass lineare Steuerungsmodelle und Top - down - Hierarchien der Funktionalität und Problemlösungsfähigkeit komplexer sozialer Systeme nicht gerecht werden. Systemisch-konstruktivistische Ansätze finden sich daher im Bereich des Managements, der Organisationsentwicklung, der Psychotherapie, der Schulpädagogik und eben der Erwachsenbildung (vgl. Siebert 1999). Gerade in der beruflichen Weiterbildung haben Sie ihren Niederschlag nicht zu letzt auch in der Coachingarbeit gefunden.

Coaching in seiner systemisch-konstruktivistischen Ausformung, mit seiner Kernannahme, dass es keinen einzigen wahren Interpreten oder Interpretation in der Wirklichkeit gibt (Zeus u. Skiffington 2005, S123), gründet sich auf der Grundannahme: ein Jeder konstruiert sein eigenes Verständnis der Welt in der er lebt, durch Reflexion seiner Erfahrungen. Im Coaching handelt es sich also um den direkten Kontakt von zunächst unterschiedlichen Rollen und Positionen, die systemisch in Beziehung stehen. Im Sinne dieses systemischen Verständnisses beschreibt Frau Sonja Radatz es wie folgt. „Systemisches Coaching ist aus meiner Sicht Beratung ohne Ratschlag – eine Beziehung zwischen Coach und Coachee, in der der Coach die Verantwortung für die Gestaltung des Coachingprozesses und der Coachee die inhaltliche Verantwortung übernimmt – also die Verantwortung dafür, an seinem Problem zu arbeiten" (Radatz , 2006, S. 16).

Damit wird auch deutlich, worum es im systemischen Coaching geht – nicht etwa darum, Menschen „zu etwas zu bewegen, ihnen etwas zu verkaufen oder sie im Sinne eines Höher, Weiter, Schneller zu höheren Leistungen zu pushen"(Radatz , 2006, S. 16), sondern maßgeschneidert mit ihnen an konkret anstehenden Problemen zu arbeiten.

Modelltheoretisch stehen dem Coaching aus pädagogischer Sicht die Prozessberatung und die Supervision als personenorientierte Beratungsform nahe (vgl. Looss 1991, S. 42, Schreyögg 1998, S. 58 ff.). Im Coaching lässt sich wie bei der pädagogischen Beratung und bei der Supervision feststellen, dass in der Praxis auf eine Vielzahl von psychotherapeutischen Konzepten in der Beratung zurückgegriffen wird. Die meisten Coachs sind nicht auf eine bestimmte Schule festgelegt, sondern arbeiten mit einem breiten Methodenspektrum. Der Einsatz diverser therapeutischer Methoden führt aber nicht dazu, dass Coaching zur Therapie wird (Rauen 2001, S. 67 ff).

Nach König und Vollmer wird unter Coaching eine Kombination aus Experten- und Prozessberatung verstanden. Die Anteile der jeweiligen Beratungsform können je nach Themenschwerpunkt individuell verschieden sein.

Modelltheoretisch bilden verschiedene Konzepte die Basis für die Beratungsform Coaching, womit sich auch die unterschiedlichen Assoziationen, die mit diesem Begriff verknüpft sind, erklären lassen.

2.2 Begriffsdefinition

Wie bei dem Versuch, pädagogische Beratung zu definieren, zeigt sich auch beim

Thema Coaching die Schwierigkeit, dass eine umfassende Theorie fehlt. Dadurch bedingt entstehen je nach Coaching-Ansatz unterschiedliche Definitionen dieses Begriffs.
Christopher Rauen beschreibt Coaching als „eine Kombination aus individueller, unterstützender Problembewältigung und persönlicher Beratung auf Prozessebene für unterschiedliche berufliche und private Anliegen" (Rauen 2000, S. 42).

Er bietet eine umfassende Erläuterung des Begriffes, indem er die Aspekte Prozessorientierung, Beziehungsbasis, Implizierte Ziele, Transparenz, Konzept, Dauer, Zielgruppe und Qualifikation des Coachs betrachtet. Diese Erläuterung soll im folgenden dargestellt werden.

Coaching ist ein interaktiver, personenzentrierter Beratungs- und Betreuungsprozess, der berufliche und private Inhalte umfassen kann. Im Vordergrund steht die berufliche Rolle bzw. das damit zusammenhängende aktuelle Anliegen des Klienten.
Interaktiv bedeutet in diesem Zusammenhang, dass dem Klienten nicht eine vorgefertigte Lösung des Coachs aufgedrängt wird, sondern dass der Klient selbst aktiv an diesem Prozess beteiligt ist und die Lösung in der Kommunikation mit dem Coach entsteht.

Coaching ist eine individuelle Beratung auf der Prozessebene, d.h. der Coach liefert keine direkten Lösungsvorschläge, sondern begleitet den Klienten und zeigt dabei auf, wie eigene Lösungen entwickelt werden können.
Entscheidend ist dabei auch, dass es keine für jeden Klienten geeignete vorgefertigte Lösung geben kann, sondern dass die Individualität berücksichtigt wird.

Coaching findet auf der Basis einer tragfähigen und durch gegenseitige Akzeptanz und Vertrauen gekennzeichneten, freiwillig gewünschten Beratungsbeziehung statt, d.h. der Klient geht das Coaching freiwillig ein und der Coach sichert ihm Diskretion zu.

Coaching zielt immer auf eine - auch präventive - Förderung von Selbstreflexion und -Wahrnehmung, Bewusstsein und Verantwortung, um so Hilfe zur Selbsthilfe zu geben. Bei Problemen ist der Klient oft so auf bestimmte Lösungen fixiert, dass er andere Perspektiven außer Acht lässt, bzw. gar nicht mehr wahrnimmt. Ein Coach hat den nötigen Abstand, um wieder neue Sichtweisen zu ermöglichen. Coaching arbeitet mit transparenten Interventionen und erlaubt keine manipulativen Techniken, da ein derartiges Vorgehen der Förderung von Bewusstsein prinzipiell entgegenstehen würde. Außerdem kann ein solches Vorgehen nicht als interaktiver Prozess bezeichnet werden.

Die logische Konsequenz daraus ist, dass Coaching ein ausgearbeitetes Coaching-Konzept voraussetzt, welches das Vorgehen des Coachs erklärt und den Rahmen dafür festlegt, welche Interventionen und Methoden der Coach verwendet, wie angestrebte Prozesse ablaufen können und welche Wirkzusammenhänge zu berücksichtigen sind. Zudem sollte das Konzept dem Gecoachten soweit transparent gemacht werden, dass Manipulationen ausgeschlossen werden können.

Coaching findet in mehreren Sitzungen statt und ist zeitlich begrenzt. Es kann durchaus über einen längeren Zeitraum stattfinden, muss aber zwangsläufig zeitlich begrenzt sein, da es das Ziel des Coachs ist, sich überflüssig zu machen.

Coaching richtet sich an eine bestimmte Person (Gruppen-Coaching: für eine genau definierte Gruppe von Personen) mit Führungsverantwortung und/oder Managementaufgaben. Coaching ist also kein Beratungskonzept für jedermann.

Coaching wird durch Beraterinnen und Berater mit psychologischen und betriebswirtschaftlichen Kenntnissen praktiziert. Auch praktische Erfahrung bezüglich der Anliegen des oder der Gecoachten sind von Vorteil, um die Situation fundiert einschätzen und qualifiziert beraten zu können.

Ziel eines Coachings ist immer die Verbesserung der Selbstmanagementfähigkeiten des Gecoachten. Dadurch, dass der Klient sehr aktiv in diesem Prozess beteiligt ist, erfolgt eine Hilfe zur Selbsthilfe. Der Coach berät sein Klientel so, dass er sich überflüssig macht, denn der Klient soll zukünftige Probleme durch die neu erworbenen Kompetenzen selbständig lösen können (vgl. Rauen 2000, S. 43).

Astrid Schreyögg betont, man müsse kritisch betrachten, was alles als Coaching angeboten wird und sie weist auf die bestehende Uneinheitlichkeit der Begriffsverwendung hin. So werden selbst konventionelle Seminaraktivitäten und Weiterbildungsmaßnahmen als Coaching angepriesen, ebenso steht Coaching oft als Synonym für einen besonderen Führungsstil.

Von einer echten Innovation lässt sich dann sprechen, wenn „Coaching als professionelle Form der Managementberatung verstanden wird. Bei dieser verhandeln Führungskräfte unter vier Augen oder in einer Kleingruppe alle für sie aktuell relevanten Fragestellungen mit einem Coach. Coaching dient dann einerseits als Maßnahme der Personalentwicklung, die sich perfekt auf die Belange des einzelnen zuschneiden lässt. Daneben dient es als Dialogform über ‚Freude und Leid' im Beruf, denn hier erhalten alle beruflichen Krisenerscheinungen, aber auch alle Bedürfnisse nach beruflicher Fortentwicklung den ihnen gebührenden Raum." (Schreyögg 1998, S. 7 f.)

Wenn Coaching eine professionelle Form der Managementberatung ist, stellt sich die Frage, was denn unter Management zu verstehen ist.

Nach Schreyögg bezeichnet „Management" einen Komplex von Führungsfunktionen, die Menschen in professionellen Organisationen innehaben. Die klassischen Funktionen sind: „Planung, Organisation, Personaleinsatz, Führung und Kontrolle" (vgl. Schreyögg 1998, S. 19). Managementaufgaben ergeben sich jedoch auch bei Freiberuflern. Somit sind Zielgruppe für Coaching sowohl Manager in einer Organisation als auch Freiberufler, denn entscheidend ist die Managementtätigkeit als solche (vgl. Schreyögg 1998, S. 17).

Looss kritisiert den inflationären Gebrauch des Begriffs Coaching und wählt in der vierten Auflage (1991) seines Werkes „Unter vier Augen" stattdessen die Formulierung „Einzelberatung für Führungskräfte". Für ihn ist Coaching eine „individuelle Beratungsform für Führungskräfte bei personenbezogenen Problemen im Rahmen der Berufsrolle. Es beruht auf dem Lernpotential, das die dialogische Situation auf der Basis einer neutralen und klar vereinbarten Beziehung bereitstellt." (Looss, 1991, S. 139)

Zusammenfassend lässt sich feststellen, dass Coaching eine lösungsorientierte Beratungsform für Personen mit Managementaufgaben ist, die das Ziel verfolgt, Hilfe zur Selbsthilfe zu bieten, und zwar bei personenbezogenen beruflichen Fragestellungen.

2.3 Anlässe für Coaching

Wie bei jeder Form der Beratung sind auch beim Coaching die Anlässe, die einen Klienten dazu veranlassen, Rat und Hilfe zu suchen, vielfältiger Natur. Schreyögg unterscheidet die Anlässe für Coaching nach zwei Interventionsmöglichkeiten des Coachings. Auf der einen Seite sieht sie Coaching als Mittel zur Bewältigung von Krisen an, andererseits aber auch als präventive Maßnahme, um berufliche Chancen zu verbessern.

Beide Arten von Anlässen, also Krisen und Verbesserungen, können sowohl auf individueller Ebene des Klienten als auch auf kollektiver Ebene, z.B. innerhalb eines Teams oder einer Organisation, begründet sein (vgl. Schreyögg 1998, S. 72).

2.3.1 Krisen als Anlass für Coaching

Damit Krisen als Anlass für Coaching näher untersucht werden können, bedarf es zunächst einer Klärung, was in diesem Zusammenhang überhaupt als Krise zu verstehen ist. Schreyögg legt in ihren Ausführungen die Definition von Ulich zugrunde, in der es heißt: Bei Krisen handelt es sich um „eine Bedrohung, eine Herausforderung, eine Belastung für die Aufmerksamkeit, eine Aufforderung zu neuen Handlungen, die den Keim einer neuen Organisation in sich tragen könnte." (Ulich zit. nach Schreyögg 1998, S. 72)

Betrachtet man Krisen unter diesem Blickwinkel, so erscheinen sie als Chancen und Herausforderungen, denn sie ziehen eine Neuorientierung und Weiterentwicklung nach sich. Zur Unterstützung solcher evolutionärer Prozesse ist Coaching geradezu prädestiniert, da oberstes Ziel im Coaching die „Hilfe zur Selbsthilfe" ist.

Bei der Entstehung von Krisen handelt es sich nicht nur darum, dass punktuelle Ereignisse eine akute Krise auslösen. Eine Krise kann auch durch einen schleichenden Prozess ausgelöst werden (vgl. Schreyögg 1998, S. 73). Schreyögg differenziert individuelle Krisen und kollektive Krisen als Anlass für ein Coaching.

2.3.1.1 Individuelle Krisen
Individuelle Krisen können nach Schreyögg (1998, S. 74 ff.) folgende sein:
- Akute Krisen im Beruf:
   Akute Krisen unterscheidet Schreyögg nochmals nach verschiedenen Faktoren. Das können zum einen Krisen aufgrund persönlicher Faktoren sein. Hintergrund ist, dass jedes persönliche Krisenereignis auch Auswirkungen auf die Situation am Arbeitsplatz hat. Als Beispiele führt sie hier den überraschenden Tod eines Familienangehörigen sowie Verlassenwerden durch den Partner an. Neben den persönlichen Faktoren sind auch die situativen Faktoren zu berücksichtigen. Diese bilden wahrscheinlich den häufigsten Anlass, Coaching in Anspruch zu nehmen. Zu diesen situativen Faktoren zählen sämtliche strukturellen Bedingungen, die das Berufsleben mit sich bringt, sei es das Eingewöhnen an einem neuen Arbeitsplatz, berufliche Veränderungen z.B. durch einen Auf- oder Abstieg, organisationale Veränderungen, Wechsel des Arbeitsplatzes, Verlust des Arbeitsplatzes, Ausscheiden aus dem Berufsleben etc..

   Auch eine Kombination aus persönlichen und situativen Faktoren kann einen Anlass für Coaching bieten. So kann eine psychisch und physisch stabile Person Krisen am Arbeitsplatz wahrscheinlich besser verkraften als jemand, der bereits emotional beeinträchtigt ist (vgl. Ryland, Greenfield, zit. nach Schreyögg 1998, S. 77).
- Berufliche Deformationen:

Hierunter versteht Schreyögg Krisen, die sich aus der beruflichen Sozialisation ergeben. Das können Belastungen sein, die sich aus dem Berufsverständnis der betreffenden Person ergeben, z.B. sehr hohe Ansprüche an die eigene berufliche Rolle. Sie können aber auch durch berufliche Interaktionspartner verursacht sein, wenn z.B. Therapeuten nicht die notwendige Distanz zu ihrer Klientel schaffen können (vgl. Schreyögg 1998, S. 80).

- Job-Stress:
Dieser Stress bietet dann Anlass für ein Coaching, wenn die psychische oder strukturelle Ausstattung einer Person nicht für eine Stressbewältigung ausreicht. Die Auffassung, was Stress ist, wird in der Literatur kontrovers diskutiert. Allgemein lässt sich mit Lazarus (1991) sagen, dass Stress in einem Druck besteht, „d.h. in Belastungs- Anforderungs-, Zeitdruck, und dass er Gefühle von Überforderung, Missmut, Sich-Gehetzt-Fühlen, Erfahrungen von Inkompetenz oder Ohnmacht auslöst"
(Lazarus, zit. nach Schreyögg 1998, S.80).

- Burn-out:
Wenn Menschen sich in einem physischen und psychischen Erschöpfungszustand befinden, der von negativen Selbstdefinitionen und ablehnenden Haltungen gegenüber der Arbeit begleitet ist, handelt es sich um die „schleichende Krise" des Burnout. Dieses trifft besonders bei Menschen in den sogenannten „Helfenden Berufen" zu, die oftmals ihre Berufsrolle mit einer moralischen Verpflichtung zu einem mitmenschlichen Engagement ansehen (vgl. Schreyögg 1998, S. 84). Von diesem Ausbrennen sind aber potentiell alle Berufsgruppen betroffen.

- Mobbing:
Eine besondere Art der Krise, die erst in den letzten Jahren häufiger in den Mittelpunkt des Interesses rückt, stellt das Mobbing dar. Seit Mitte der achtziger Jahre finden im skandinavischen Raum Untersuchungen zu diesem Thema durch den Arbeitsmediziner Dr. Dr. Heinz Leymann statt. Nach seiner Definition

bezeichnet Mobbing eine konfliktbelastete Kommunikation am Arbeitsplatz, unter Kollegen oder zwischen Vorgesetzten und Untergebenen, bei der die angegriffene Person unterlegen ist. Sie wird von einer oder mehreren Personen systematisch, oft - d.h. mindestens einmal wöchentlich- und während längerer Zeit - d.h. mindestens ein halbes Jahr lang - mit dem Ziel und/oder dem Effekt des Ausstoßes aus dem Arbeitsverhältnis direkt oder indirekt angegriffen. Die angegriffene Person empfindet dieses als Diskriminierung bzw. als Angriff auf die eigene Würde, Kompetenz und die eigenen dienstlichen Einflussmöglichkeiten (vgl. Leymann 2002). Zunächst reagieren die Opfer meist mit leichteren stressinduzierten psychosomatischen Symptomen, die sich jedoch bereits nach ungefähr sechs Monaten zu einer posttraumatischen Stressbelastung intensivieren können. Die erste repräsentative Studie, die in Deutschland durchgeführt wurde, ist die Untersuchung der Sozialforschungsstelle Dortmund, deren Ergebnisse 2002 veröffentlicht wurden (Meschkutat, et al. 2002).

Hinsichtlich des Ausmaßes der Problematik „Mobbing" hat diese Studie ergeben, dass jeder neunte Beschäftigte während seines Berufslebens einmal von Mobbing betroffen ist. Ursachen sind auf der einen Seite strukturelle Probleme wie Unklarheiten in der Arbeitsorganisation bzw. unklare Verantwortungsbereiche sowie Defizite im Führungsverhalten. Auf der anderen Seite sind personenbezogene Aspekte wie Konkurrenzverhalten und Neid oft Auslöser für Mobbing.

Ob aus einem anregenden Wettbewerb um betriebliche Kompetenzen, Anerkennung, Wertschätzung, Status und Macht etc. ein den Gegner vernichtender Mobbingprozess wird, hängt insbesondere von der Organisationskultur ab. Unterstützt sie eine bedingungslose Konkurrenz, fördert sie auch Mobbing. Verlangt sie bei allem Wettbewerb respektvollen Umgang miteinander, hat Mobbing wenig Chancen (vgl. Meschkutat 2002, S. 133 f.).

Bei all diesen genannten Aspekten in Bezug auf individuelle Krisen sollte nicht vergessen werden, dass Menschen natürlich unterschiedliche Strategien entwickelt haben, um mit Krisen fertig zu werden und oft die eigenen Ressourcen ausreichen, diese zu bewältigen. Wenn diese Ressourcen nicht oder nicht mehr ausreichen, ist Coaching meines Erachtens eine sinnvolle Methode der Krisenbewältigung, bevor die Auswirkungen einer Krise pathologische Ausmaße annehmen. Andererseits gehören Krisen zum Leben dazu, ergeben sich aus der Weiterentwicklung eines Individuums und können auch zu dieser beitragen. Wohl jeder Mensch hat im Laufe seiner Biographie schwierige Phasen als Krisen erlebt, die sich im Nachhinein als lehrreich und entwicklungsfördernd erwiesen haben.

2.3.1.2 Kollektive Krisen

Manche der bisher beschriebenen individuellen Krisen haben nicht nur Auswirkungen auf einzelne Personen, sondern können auch Kriseninterventionen bei Kollektiven notwendig machen. In einem solchen Fall ist eine Bewältigung der Krise durch Coaching nur unter Einbeziehung einer Gruppe oder Abteilung als Gruppen- oder Team-Coaching möglich.

Solche kollektiven Krisen können sein:
- Ökonomische Krisen:
   Da materielle Ressourcen die Basis für den Erhalt eines Systems darstellen, ist diese Form einer kollektiven Krise nach Schreyögg der häufigste Anlass, Coaching in Anspruch zu nehmen (vgl. Schreyögg 1998, S. 88).

- Krisen durch Umstrukturierungen:
   Strukturelle Veränderungen in Betrieben ziehen meist gravierende Veränderungen nach sich und lösen bei den Betroffenen Widerstände aus. Dadurch entstehen Probleme durch verschiedene Ängste. „Die Organisationsmitglieder befürchten zum einen, ihre bisherigen Privilegien im Sinne von Status- oder Ressourcen- Zuteilung zu verlieren.
   Angesichts formaler Umstrukturierungen regt sich aber regelmäßig auch eine unterschwellige Angst, dass nun völlig neue Normen und Standards etabliert werden müssten." (Schreyögg 1998, S. 88)

- Organisationskulturelle Krisen
  Die bereits im vorherigen Punkt als Folge von Umstrukturierungen beschriebenen Ängste entstehen auch durch Veränderungen von organisationskulturellen Mustern. Kulturelle Wandlungsprozesse können vielfältige Ursachen haben, die häufigste ist ein Führungswechsel. Jede Führungskraft bringt natürlich ihren eigenen Stil in eine Organisation mit ein und ist dadurch kulturprägend. Auch dadurch können kollektive Krisen ausgelöst werden (vgl. Schreyögg 1998, S. 90).

- Krisen bei der Fusion von zwei Systemen
  Bei einer Fusion entstehen eine Reihe von Unsicherheiten unter den Mitarbeitern, da oft die Auswirkungen auf die bisherige Rolle und Position nicht offensichtlich sind. Diese Unsicherheiten entstehen sowohl bei der „Mutter-Firma" als auch bei der aufgekauften Firma (vgl. Schreyögg 1998, a.a.O.).

2.3.2 Wunsch nach Verbesserung

Neben den oben beschriebenen Krisen, die einen Anlass für das Einleiten eines Coaching-Prozesses darstellen können, kann auch der Wunsch nach Verbesserungen einen solchen Anlass bieten. Dieser Wunsch taucht z.B. nach einer erfolgreich überstandenen und möglicherweise mit Coaching gemeisterten Krise auf. Auch in Phasen, in denen die Karriere nicht mehr weiter vorwärts geht und damit die Frage ansteht, wie sich aus dem bisherigen Arbeitsleben noch mehr machen lässt, oder wenn der Wunsch nach beruflicher Selbstverwirklichung auftaucht; kann Coaching als Mittel zur Zielerreichung angesehen werden (vgl. Schreyögg 1998, S. 92).
Wie bereits bei den Krisen, die Anlass für Coaching sein können, lassen sich auch im Hinblick auf Verbesserungen individuelle und kollektive unterscheiden:

2.3.2.1 Individuelle Verbesserungen
Bei den individuellen Verbesserungen, die den Anlass für Coaching bieten kön-

nen, sind nach Schreyögg folgende Möglichkeiten denkbar (vgl. Schreyögg 1998, S. 95 ff).

- Flexibilisierung des Coping:
Als „Coping" bezeichnet man die individuelle Art und Weise, wie Menschen die Anforderungen und Belastungen ihres Berufes verarbeiten (Fengler zit. nach Schreyögg 1998, S. 93). Sie verwenden dazu ganz unterschiedliche Formen, deren Auswahl sich z.B. nach biographischen Erfahrungen richtet. Diese Formen können z.B. sein: Versuche, mehr Informationen über Situationen zu gewinnen; sich maximal vorzubereiten; die Verwendung spezifischer Entspannungsformen; Verdrängung von Anforderungen, etc. Wenn diese Formen nicht mehr ausreichen, bzw. sich für neue Anforderungen als nicht ausreichend erweisen, kann Coaching ein geeignetes Instrumentarium sein, die eigenen Möglichkeiten zu erweitern.

- Erweiterung von Managementkompetenzen:
Auch Führungskräfte, die sich bereits in beruflich befriedigenden Situationen befinden, streben vielfach nach Erweiterung ihrer konzeptionellen und sozialen Managementkompetenzen. Hier kann Coaching die geeignete Unterstützungsform sein.

- Karriereberatung:
Bei diesem Anlass für Coaching geht es den Klienten in erster Linie darum, die eigene Positionierung zu überprüfen und sich mit den eigenen Interessen und Potentialen auseinander zu setzen. Außerdem geht es um die Suche nach Möglichkeiten, die eigenen Fähigkeiten zu platzieren und evtl. noch auszubauen. (vgl. Schreyögg 1998, S. 95).

- Rollenberatung:
Im Laufe der Zeit können sich Berufsrollen verändern, wodurch eine Führungskraft zu Anpassungsleistungen herausgefordert wird. Meistens kann diese Anpassungsleistung unter Aktivierung eigener Ressourcen erfolgreich geleistet

werden. Berührt diese Veränderung der Berufsrolle jedoch die Identität des Betroffenen, reichen diese Ressourcen unter Umständen nicht aus. Identität beschreibt eine Vorstellung von Unveränderbarkeit und Stabilität wesentlicher Eigenschaften einer Person im Zeitablauf.

Die Gewissheit, auch morgen noch als Person mit den im wesentlichen gleichen Kenntnissen, Meinungen, Kontakten und Eigenschaften in der Welt zu sein, gehört zu den Überlebensnotwendigkeiten von Menschen. Das Konstrukt der „beruflichen Identität" beschreibt also das unverwechselbare „So-Sein" eines Angehörigen einer Berufsgruppe oder dieser Gruppe selbst. „Identität ist nicht starr, sie verändert sich durch Lernen und Erfahrung sowie durch Lebensereignisse und Entscheidungen." (Looss 2002, S. 54) Nach Looss (2002, S. 52) sind z.B. Beförderung, Versetzung, Kündigung, Stellenwechsel oder die Übernahme weiterer Aufgaben die intensivsten Formen von Veränderungen, welche die Identität tangieren können und daher nicht durch den Einsatz eigener Ressourcen bewältigt werden können, weil sie nicht in das Selbstkonzept der Person passen.

Aber auch Faktoren wie neue Produkte oder Produktionsverfahren, die Änderung der betrieblichen Abläufe oder die Änderung der Rechtsform des Unternehmens können Unsicherheiten entstehen lassen, zu deren Bewältigung die eigenen Fähigkeiten nicht ausreichen. In solchen Fällen kann Coaching die geeignete Unterstützungsform sein.

2.3.2.2 Kollektive Verbesserungen

Aufgrund des raschen technologischen Wandels und dauernder Veränderungen sind viele Firmen einem enormen Druck ausgesetzt, dem sie mit hoher Innovationsbereitschaft entgegentreten sollten. Beispiele für derartige Innovationen sind die Etablierung von Qualitätszirkeln (Maßnahmen, die einem kontinuierlichen Verbesserungsprozess dienen sollen), die Entwicklung neuer Angebotsstrukturen und die Implementierung neuer Führungskonzepte. Auch zur Unterstützung dieser Maßnahmen kann Coaching das geeignete Instrument sein.

2.3.3 Coaching-Anlässe im zeitlichen Wandel

Zeitlich gesehen hat sich bei den Anlässen für Coaching ein Wandel ergeben. Wie im Kapitel über die Herkunft und Entwicklung des Coachings zu sehen ist, haben sich die Assoziationen, die mit dem Begriff Coaching verbunden sind, seit der Anfangszeit in den 1970er Jahren erheblich gewandelt.

Wie Böning (zit. nach Rauen 2001, S. 29) in Untersuchungen über die Anlässe für Coaching festgestellt hat, waren Ende der 1980er Jahre, als beim Coaching nicht nur berufliche, sondern auch private Aspekte im Vordergrund standen, überwiegend persönliche Probleme die Auslöser für ein Coaching. Die Anlässe haben sich in der Zwischenzeit stark verändert. Hauptanlässe für Coaching waren nach einer Untersuchung im Jahr 1998 die Verbesserung der Führungssituation und die Vorbereitung auf neue Aufgaben. Auch Veränderungsvorhaben, Konflikte, Verhaltensdefizite sowie Folgemaßnahmen werden häufig als Gründe für Coaching genannt. Persönliche Probleme werden hingegen scheinbar kaum noch thematisiert.

Bei den in dieser Untersuchung genannten Aspekten wird m.E. eine präventive Komponente des Coachings deutlich. Coaching kann den passenden Rahmen für das Erkennen von im Verborgenen liegenden Problemen bieten. Es kann dann dazu dienen, dass die oben beschriebenen Krisen, die einen Anlass für Coaching bieten, gar nicht erst zu Krisen werden müssen.

2.4 Ziele von Coaching

Wie bereits im vorhergehenden Kapitel über die Anlässe von Coaching deutlich geworden ist, sind diese sehr vielfältig. Diese Vielfältigkeit zeigt sich auch bei der Untersuchung darüber, welche Ziele mit Coaching erreicht werden sollen. Da es keine einheitliche Definition des Coachings gibt, ist die Frage nach den Zielen nicht so einfach zu beantworten.

Laut Rauen, der unterschiedliche Coaching-Ansätze miteinander verglichen hat, ist Grundziel des Coachings immer „die Hilfe zur Selbsthilfe und Selbstverantwortung. Ziel eines Coaching-Prozesses ist somit immer, Wahrnehmung, Erleben und Verhalten des Gecoachten zu verbessern bzw. zu Erweitern. Dient ein Coa-

ching vornehmlich der Prävention, kann bereits das Aufrechterhalten der entsprechenden Fähigkeiten das gewünschte Ziel darstellen."
(Rauen 2000, S. 42)

Dieses Ziel der „Hilfe zur Selbsthilfe" wird dadurch erreicht, dass der Klient aktiv am Coaching-Prozess beteiligt ist und der Coach in einer Weise beratend tätig ist, dass er sich schließlich überflüssig macht. Die Ressourcen des Klienten, die Rauen „Selbstregulationsfähigkeiten" nennt, werden dabei bestmöglich genutzt bzw. erweitert (Rauen 2000, S. 43).

Eine weitere Problematik, die sich aus einer fehlenden Theorie zu Coaching ergibt, ist der je nach Coaching-Ansatz differierende Hintergrund bzw. das damit verbundene Menschenbild. Auch unter Berücksichtigung dieses Aspektes ergeben sich zwangsläufig unterschiedliche Zielsetzungen.

Im Folgenden beziehe ich mich auf den tabellarisch angelegten Vergleich verschiedener Coaching-Ansätze, den Rauen vorstellt (Rauen 2001, S. 142 f.). Hierbei werde ich nur einige Ansätze exemplarisch nennen. So definiert beispielsweise Bayer, der ein individualpsychologisches Menschenbild vertritt, Coaching als Gestaltung und Beschleunigung sozialer Prozesse, was dem Konfliktmanagement dient. Für ihn ist Ziel des Coachings die Entwicklung von Gemeinschaftsgefühl und damit Abbau von Angst. Das dient der Verringerung der unternehmensinternen „Reibungsverluste".

Rückle, der Coaching als individuelle Hilfe zur Selbsthilfe in Form eines zeitlich begrenzten Prozesses definiert, sieht den Coach als Partner und Prozessförderer an. Nach seiner Auffassung werden im Coaching nur die Ziele des Klienten verfolgt, der Coach berät und interveniert jedoch diesbezüglich. Dabei darf er aber keine eigenen Ziele formulieren und anstreben.

Schreyögg, die Coaching als professionelle Form der Managementberatung definiert, und deren Konzept laut Rauen anthropologische und erkenntnistheoretische Prämissen hat, nennt verschiedene Ziele. Diese sind die Wiedergewinnung und Förderung beruflicher Selbstgestaltungspotentiale, die Steigerung beruflicher Qualifikation, die Erhöhung von Managementkompetenzen sowie die Verbesserung der Humanität.

Whitmore definiert Coaching als Kunst zur Förderung von Bewusstsein und Verantwortung vor dem Hintergrund, dass der Mensch ein nach Bewusstsein und Verantwortung strebendes Wesen ist. Demnach ist bei seinem Coaching-Verständnis die Förderung von Bewusstsein, Verantwortung und Selbstmotivation als Ziel anzusehen. Generelles Endziel ist immer eine Leistungs-Verbesserung. Nach Whitmore lassen sich je nach Umfang der Einflussnahme seitens des Klienten bei der Zielfindung zwei Arten von Zielen unterscheiden:
- Leistungsziele
- Endziele

Bei den Leistungszielen ist die Einflussnahme durch den Klienten eher als hoch einzuschätzen, bei den Endzielen eher als niedrig (vgl. Whitmore 1995, S. 61 ff). Leistungsziele bestehen darin, eine konkrete Leistung zu erbringen, um ein Endziel zu erreichen. Dabei kann das Erreichen des Endzieles von verschiedenen Faktoren abhängen, die der Klient unter Umständen nicht beeinflussen kann. „Wann immer möglich, sollte sich ein Endziel auf ein Leistungsziel stützen. Das Endziel liefert vielleicht die Inspiration. Das Leistungsziel bestimmt jedoch die einzelnen Schritte" (Whitmore 1995, S. 61).

Ein Beispiel für ein Endziel wäre es, Marktführer zu werden. Ein Leistungsziel könnte dabei sein, die Ausschussmengen in der Produktion unter einen bestimmten Prozentsatz zu bringen (vgl. Whitmore 1995, S. 61 ff.). Für Whitmore ist es wichtig, dass Ziele bestimmte Kriterien erfüllen, um ein Endziel durch beeinflussbare Leistungsziele zu erreichen. Er hat dazu „Die Eigenschaften eines guten Zieles" (Whitmore 1995, S. 64 f.) entwickelt.

Diese Eigenschaften sind: SMART, PURE und CLEAR. Die einzelnen Buchstaben dieser Adjektive verwendet er dabei als Anfangsbuchstaben für weitere Eigenschaften, die das Ziel aufweisen sollte.

S pecific   (spezifisch)
M easurable   (messbar)
A ttainable   (erreichbar)
R ealistic   (realistisch)

T ime phased   (zeitlich untergliedert)
P ositively stated   (positiv formuliert)
U nderstood   (verstanden)
R elevant   (bedeutsam)
E thical   (moralisch)
C hallenging   (herausfordernd)
L egal   (legal)
E nvironmental sound   (umweltverträglich)
A greed   (akzeptiert)
R ecorded   (protokolliert)

Diese Eigenschaften bieten eine Art Checkliste, mit deren Hilfe der Coach kontrollieren kann, ob die Leistungsziele auch tatsächlich umgesetzt werden bzw. erreicht werden. Mit der Protokollierung der Ziele ist gleichzeitig die Möglichkeit zur späteren Evaluation gegeben (vgl. Rauen 2001, S. 173).

2.5 Coaching-Varianten

Bei der Einteilung der unterschiedlichen Coaching-Varianten lassen sich mehrere Formen unterscheiden, je nachdem, welche Perspektive man einnimmt. Laut Schreyögg ergibt sich die Schwierigkeit der Einteilung dadurch, dass es bisher in der Literatur noch keine eindeutige Systematisierung gibt (vgl. Schreyögg 1998, S. 214).

Coaching wird oft aufgeteilt in den Bereich als Instrument der Personalentwicklung in Betrieben und oder in den Bereich der Persönlichkeitsentwicklung im privaten Umfeld.

Im Rahmen dieser Arbeit möchte ich in Anlehnung an Rauen (2000, S. 44 ff.) und Schreyögg (1998, S. 189 ff.) eine Unterscheidung nach folgenden Gesichtspunkten treffen:
- nach Art und Herkunft der Coachs, sowie
- nach Anzahl und Anliegen der Klienten (Coaching-Settings), sowie
  auf die Sonderform Health-Coaching eingehen.

2.5.1 Varianten nach Art und Herkunft der Coachs

Bezüglich der Art und Herkunft der Coachs lassen sich zwei Gruppen von Coachs unterscheiden: der externe Coach und der interne Coach. Diese Unterteilung wird in der Literatur allerdings nicht eindeutig vorgenommen. Je nach Coaching-Verständnis und Definition ergeben sich andere Auffassungen zu dieser Unterteilung. Looss beispielsweise favorisiert nur den externen Coach (Looss 2002). Andere Autoren (z.B. Hamann, Huber, 1991) dagegen beschreiben nur den internen Coach.

Im folgenden möchte ich beide Varianten vorstellen: sowohl den externen als auch den internen Coach. Vorausgesetzt, dass es sich bei beiden Varianten um Coaching handelt, richtet sich die Entscheidung für eine dieser Varianten im Einzelfall nach der Ausgangssituation und auch nach der jeweiligen Zielsetzung, die mit dem Coaching verbunden ist. In manchen Fällen, z.B. bei Anlässen, die einen hohen Beratungsaufwand erwarten lassen, ist auch eine Kombination aus beiden möglich und sinnvoll (vgl. Rauen 2000, S. 49). Das kann beispielsweise bei Umstrukturierungsprozessen oder innovativen Projekten der Fall sein; besonders, wenn die interne Personalentwicklung auf Grund ihrer Größe entsprechende Anforderungen nicht alleine bewältigen kann (Schreyögg 1998, S. 204 f.).

2.5.1.1 Der externe Coach

Bei organisationsexternen Coachs handelt es sich um selbständige oder in einer Unternehmensberatung angestellte Berater, die meist hauptberuflich als Coach für verschiedene Organisationen arbeiten (vgl. Rauen 2000, S. 44). Der externe Coach gehört also nicht der Organisation des Klienten an.

Bei dieser Variante kann es möglich sein, dass der Coach von einer Organisation verpflichtet wird. Genauso denkbar ist aber auch, dass der Klient selbst den Coach privat für eine Beratung engagiert. Das ist bei Freiberuflern sowieso der Fall, kann aber auch bei angestellten Führungskräften vorkommen, wenn diese ein Coaching in Anspruch nehmen wollen, ohne dass Kollegen oder Vorgesetzte davon erfahren.

Der Vorteil des externen Coachs liegt in der Neutralität. Er ist durch sein Mandat nur dem Klienten gegenüber verpflichtet und zudem ist er nicht in das System des Klienten integriert. Dadurch ist die Voraussetzung, eine Vertrauensbasis herzustellen eher gegeben und der Klient kann sich besser öffnen.

Gerade in den Fällen, in denen Krisen der Anlass für das Coaching sind, entsteht auf diese Weise eine offenere und vertrautere Beziehung zwischen dem Coach und dem Klienten als es bei der anderen Variante, dem internen Coach, gegeben wäre.

Führungskräfte neigen häufig dazu, Krisen geheim zu halten, da sie diese als Schwäche ansehen und Angst haben, vor ihren Mitarbeitern „bloßgestellt" zu werden (vgl. Schreyögg 1998, S. 192).

Da Mitglieder einer Organisation im Laufe der Zeit dieser gegenüber „betriebsblind" werden können, ergibt sich durch einen externen Coach die Chance, bestimmte Probleme aus einer völlig anderen Perspektive zu betrachten und somit zu anderen, bisher vielleicht nicht berücksichtigten Lösungen zu gelangen (vgl. Rauen 2000, S. 48). Der externe Coach kann zudem vorhandene Kenntnisse aus Coaching-Prozessen, die er in anderen Organisationen gewonnen hat, mit einbringen und diese Erfahrungen nutzen.

Auf der anderen Seite hat der externe Coach möglicherweise zu wenig Kenntnisse über interne Belange und übersieht so eventuell Aspekte, die für den Beratungsprozess relevant sein könnten.

2.5.1.2 Der interne Coach
Beim organisationsinternen Coaching lassen sich wiederum zwei verschiedene Varianten unterscheiden. Bei der ersten Variante wird ein (Linien-) Vorgesetzter im Rahmen seiner Führungsaufgaben bei seinen Mitarbeitern als Coach tätig. Bei der zweiten Variante führt ein fest angestellter (Stabs-) Coach die Coaching-Maßnahmen durch.

2.5.1.2.1 Der interne Coach aus der Linie

Diese Coaching-Variante, bei welcher der „Vorgesetzte als Coach" fungiert, ist die ursprüngliche und auch heute noch im angloamerikanischen Raum vorherrschende Praxis des Coachings im Managementbereich. Ein Vorgesetzter fuhrt seine Mitarbeiter im Rahmen eines Personalentwicklungskonzeptes zielgerichtet und entwicklungsorientiert (vgl. Rauen 2002, S. 50). Der Vorgesetzte hat seinen Mitarbeitern gegenüber eine beratende und unterstützende Funktion. Das gilt vor allem bei neu in die Organisation eingetretenen (Nachwuchs-) Führungskräften.

Diese Form des Coachings wird sehr kritisch diskutiert und teilweise auch ganz abgelehnt. Befürworter dieser Coaching-Variante, führen dazu an, dass nach ihrem Verständnis unter einem Coach ein Vorgesetzter zu verstehen ist, der seinen Mitarbeitern hilft, die an sie gestellten Aufgaben gezielter bzw. besser wahrnehmen zu können. Nach ihrer Auffassung ist diese Rolle für einen Vorgesetzten automatisch Bestandteil seiner Führungsaufgabe.

Looss dagegen kritisiert die Verwendung des Begriffs Coaching im Rahmen der Führungstätigkeit: Das Konzept des „Coaching durch den Vorgesetzten" in den USA könne nicht direkt auf andere Kulturen übertragen werden, da die Beziehung der amerikanischen Vorgesetzten zu ihren Mitarbeitern viel weiter in persönliche Belange hineinreiche, als es z.B. in Deutschland der Fall sei (vgl. Looss 2002, S. 147).

Auch Schreyögg kritisiert das Modell des Vorgesetzten als Coach. Eine Problematik ergibt sich daraus, dass ein Vorgesetzter neben seiner fordernden Funktion auch eine Beurteilungs- und Kontrollfunktion hat. Da dem Mitarbeiter das natürlich bewusst ist, hat diese Tatsache zwangsläufig Konsequenzen für die Beratungssituation, denn der Mitarbeiter befindet sich ja gewissermaßen in einem Abhängigkeits-Verhältnis. Der Vorgesetzte könnte durch Erkenntnisse aus dem Coaching-Prozess in seiner Beurteilungsfunktion als Vorgesetzter voreingenommen sein, und sei es auch nur unbewusst. Ohne eine ausreichende Vertrauensbasis, bei der Krisen thematisiert werden können, ist sinnvolles Coaching jedoch nicht möglich (vgl. Schreyögg 1998, S. 199f.).

Der Klient nennt möglicherweise relevante Aspekte und Probleme, für die Coaching die geeignete Lösung wäre, überhaupt nicht, da er Beeinträchtigungen seiner beruflichen Laufbahn befürchtet. Das Thematisieren persönlicher Bereiche könnte ja die Beziehung zum Vorgesetzten belasten (vgl. Rauen 2001, S. 50). Andererseits kann es auch auf Seiten des Vorgesetzten in seiner Funktion als Coach Probleme geben, da er möglicherweise in einen Rollenkonflikt gerät. Der Vorgesetzte ist ja sowohl der Organisation verpflichtet als auch kraft Mandates seinem Mitarbeiter, der in diesem Prozess gleichzeitig sein Klient ist. „Vorgesetzte müssen hier wirklich aufpassen, dass ihnen aus dem Konzept der Mitarbeiterentwicklung nicht ein unmöglicher Auftrag erwächst, der darin besteht, sich als leistungsbewertender Vorgesetzten-Wolf im partnerzentrierten Schafspelz des Beraters aufführen zu sollen." (Looss 2002, S. 149)

Ein weiteres Problem dieser Form des Coachings ist die unter Umständen fehlende Freiwilligkeit von Seiten des Klienten. „Die starr vorgegebene Rollenverteilung verursacht Zwänge: Es muss bezweifelt werden, dass der Mitarbeiter ohne Folgen ein Coaching von sich aus beenden kann. Dies stellt die für die Beratungssituation des Coachings notwendige Voraussetzung der Freiwilligkeit praktisch stark in Frage." (Rauen 2000, S. 51) Schreyögg nennt als weiteren Kritikpunkt, dass Coaching durch einen Vorgesetzten, wenn es langfristig erfolgt, eine Abhängigkeit des Mitarbeiters verursachen kann und dadurch „paradoxe Züge" annimmt. (Schreyögg 1998, S. 200).

Bei der hier vorgestellten Coaching Variante des „Vorgesetzten als Coach" handelt es sich meines Erachtens um kein wirkliches Coaching, sondern um eine qualifizierte Form der Mitarbeiterführung, die irreführend als Coaching bezeichnet wird. Diese Aussage gilt im Rahmen meines derzeitigen Wissensstandes. Für eine umfassende Beurteilung ist es sicherlich erforderlich, sich mit Führungstheorien zu beschäftigen. Das würde aber den Rahmen dieser Arbeit sprengen.

Damit schließe ich mich der Kritik Schreyöggs an, die formuliert: „So scheint es sich beim Vorgesetzten-Coaching um eine besonders differenzierte Führungshaltung zu handeln, die aber nicht als Coaching im eigentlichen Sinne zu bezeichnen ist. Der Begriff Coaching sollte ja, wenn er nicht gänzlich unscharf werden soll, für individuelle Formen der Personalentwicklung oder für gesonderte Formen des Konflikt- bzw. Krisenmanagements reserviert bleiben. Und derartige Aufgaben lassen sich im Rahmen einer Vorgesetzten-Untergebenen-Interaktion nicht realisieren." (Schreyögg 1998, S. 199).

Auch der Kritik von Looss an dieser Form stimme ich zu. Nach dieser Auffassung kann es keine Beratung geben, wenn dahinter eine verwertende Absicht steht.

„Aus dieser Sicht tun Unternehmen gut daran, die mit Coaching gemeinte Tätigkeit des Vorgesetzten nicht mehr verschleiernd zu verwörtern, sondern als das zu bezeichnen, was es ist: unternehmenszielorientierte Einflussnahme auf das Verhalten des Mitarbeiters." (Looss 2002, S. 151)

2.5.1.2.2 Der interne Coach aus Stäben

Als Alternative zum zuvor beschriebenen Vorgesetzten als Coach hat sich nach Rauen in den letzten Jahren ein internes Stabs-Coaching besonders in großen und innovativ ausgerichteten Organisationen etabliert und gewinnt zunehmende Verbreitung (vgl. Rauen 2000, S. 53).

Auch nach Schreyögg gehört diese Variante des Coachings in modernen Systemen schon fast zum festen Inventarium. Die Personalentwicklungsabteilungen großer Unternehmen erweitern ihr betriebsinternes Angebot durch Coaching für einzelne Führungskräfte, für Gruppen von Führungskräften oder für Teams (vgl. Schreyögg 1998, S. 200).

Diese Art des Coachings wird durch einen oder mehrere fest angestellte Coachs durchgeführt, die meist nur für diese Aufgabe angestellt sind. Diese Berater ergänzen die in der Regel bereits vorhandenen Personalentwicklungsmaßnahmen. Da dieser Coach seiner Aufgabe hauptberuflich nachgeht, sollte er entsprechend qualifiziert sein. Der Arbeitsbereich eines Stabs-Coachs ähnelt dem eines externen Coachs. Im Gegensatz zum externen Coach ist die Zielgruppe eines Stabs-Coachs allerdings eher eingeschränkt.

Er berät in der Regel Organisationsmitglieder, die aus dem mittleren und unteren Management stammen, und sein Status erlaubt es meist nicht, auf höheren Managementebenen zu beraten (vgl. Rauen 2000, S. 53).

Die oben beschriebene Vertrauensproblematik, die sich aus der Doppelrolle des Vorgesetzten als Coach ergibt, entfällt bei einem hauptberuflich fest angestellten Stabs-Coach. „So beanspruchen viele Führungskräfte unterer Ränge sogar bei aktuellen Krisen wie bei Führungsproblemen, bei Mobbing-Prozessen und dergleichen mehr diesen Beratertyp." (Schreyögg 1998, S. 200)

Die zunehmende Bedeutung eines organisationsinternen Coachs als Stabs-Coach ergibt sich (in Anlehnung an Rauen 2000) aus folgenden Vorteilen, die diese Beratungsform bietet:
- Die Kosten sind in der Regel geringer als bei einem Coaching durch einen externen Berater.
- Durch die hauptberufliche Ausübung des Coachings steht dem Coach die benötigte Zeit zu Verfügung. Er muss diese Tätigkeit nicht „nebenbei" erledigen.
- Der Stabs-Coach hat idealerweise eine entsprechende Ausbildung, die ihn für diese Aufgabe befähigt.
- Das vorhandene Personalentwicklungsangebot wird um die Komponente einer individuellen Beratung erweitert.
- Das Wissen um die Organisationsinterna, das so genannte „Insiderwissen", vereinfacht den Coaching-Prozess.
- Die Freiwilligkeit des Klienten bei der Inanspruchnahme des Coachings ist eher gegeben als bei der Variante „Vorgesetzter als Coach".
- Der Stabs-Coach hat keine Kontroll- und Bewertungsfunktion.

Damit diese Art des Coachings von den Mitarbeitern akzeptiert und in Anspruch genommen wird, sollte Coaching primär als Möglichkeit zur individuellen Leistungsverbesserung dargestellt werden und nicht als Eingeständnis persönlichen Versagens.

Der Stabs-Coach ist evtl. der Belastung ausgesetzt, dass er in einem Coaching-Prozess seitens der Klienten in seiner Neutralität in Frage gestellt wird. Das passiert vor allem dann, wenn die Stelle des Stabs-Coachs der Personalabteilung zugeordnet wird. Der interne Stabs-Coach muss vor Beginn seiner Tätigkeit seine

Position als neutraler Berater thematisieren und entsprechende Freiräume für seine Tätigkeit einfordern, damit er nicht scheitert (vgl. Rauen 2000, S. 53 ff).

2.5.2 Coaching-Settings

Im deutschsprachigen Raum ist durch verschiedene Veröffentlichungen besonders das Einzel-Coaching, bei dem ein Klient von einem Coach beraten wird, bekannt geworden. Daneben gibt es allerdings auch Coaching-Formen mit mehreren Personen. Diese einzelnen Settings sollen im Folgenden vorstellt werden.

2.5.2.1 Einzel-Coaching

Einzel-Coaching bietet den Rahmen für eine intensive Zweierinteraktion, bei der auch tiefer gehende persönliche und berufliche Belange thematisiert werden können. Besonders für Probleme, die durch persönliche Krisen entstanden sind oder als Hilfe im Privatbereich bei der Persönlichkeitsentwicklung, sowie auch im Falle einer Karriereberatung ist diese Form die klassische Anordnung (vgl. Schreyögg 1998, S. 207). „In solchen Fällen intensiver Zusammenarbeit besteht die Beratungsbeziehung oft zu einem externen Experten, da dies von organisationsinternen Coaches nur bedingt geleistet werden kann. Ihre Rolle wird i.d.R. als nicht neutral genug angesehen." (Rauen 2000, S. 56) Das Einzel-Coaching kann dadurch, dass es die Möglichkeit zu einer intensiven und vertraulichen Arbeit bietet, individuellen Bedürfnissen gerecht werden. Hierbei können neben beruflichen auch private Belange thematisiert werden, da diese sich oft nicht voneinander trennen lassen und sich gegenseitig beeinflussen können. Die Grenze zur Therapie darf dabei jedoch nicht überschritten werden. Im Mittelpunkt steht die Weiterentwicklung und Förderung der Selbstreflexion des Klienten, denn Ziel des Coachings ist ja die „Hilfe zur Selbsthilfe". Um eine gegenseitige Akzeptanz zwischen Coach und Klienten zu erreichen, sollte es zwischen den beiden kein Beziehungsgefälle geben. Dieser Aspekt ist besonders bei ranghohen Managern von Bedeutung, da diese in der Regel keine Berater akzeptieren, deren Kompetenz und Status sie nicht als mindestens gleichwertig akzeptieren.

Zielgruppe im Einzel-Coaching sind neben diesen ranghohen Managern, die in der Anfangsphase fast ausschließlich dafür in Frage kamen, auch mittlere und untere Führungskräfte.

Auch Freiberufler nehmen infolge mangelnder Austauschmöglichkeiten teilweise diese Form der Beratung in Anspruch. Das Einzel-Coaching ist somit nicht auf bestimmte Zielgruppen beschränkt, sondern steht allen Personen mit Managementaufgaben zur Verfügung (vgl. Rauen 2000, S. 57). Die intensive Zusammenarbeit zwischen Coach und Klienten im Einzel-Coaching hat nicht nur Vorteile. Ein Nachteil besteht darin, dass der Coach die Probleme immer nur aus der Sicht seines Klienten erfährt und sich dadurch bei seiner Beratungstätigkeit auf die subjektiven Wahrnehmungen und Interpretationen seines Klienten stützt. Dadurch dass der Coach der einzige Gesprächspartner des Klienten bleibt, besteht die Gefahr, dass immer nur ein bestimmter Ausschnitt von Perspektiven und Handlungsmustern verhandelt wird (vgl. Schreyögg 1998, S. 207). Dieses Wissen sollte der Coach haben und bei seiner Arbeit nicht außer Acht lassen.

Eine Gefahr des Einzel-Coachings besteht darin, dass die „eigenen Feedback-Mechanismen des Gecoachten verkümmern können" (Rauen 2000, S. 57), wenn der Klient sich nur noch auf Rückmeldungen seines Coachs verlässt. Da der Coach sich ja durch die Beratung letztendlich entbehrlich machen soll, sollte er auch diese Problematik bedenken und entsprechend darauf achten.

2.5.2.2 Gruppen-Coaching

Am Gruppen-Coaching nehmen nach Schreyögg (1998, S. 208) entweder funktionsgleiche Personen aus unterschiedlichen Systemen oder Berufstätige mit derselben Funktion aus einem organisatorischen System teil. Nach Schreyögg bietet dieses Setting breite Möglichkeiten der Personalentwicklung, da jeder Teilnehmer über vielfältige Erfahrungen verfügt, die er einbringen kann und von denen die anderen Teilnehmer profitieren können. Dadurch partizipieren alle Teilnehmer an Lerneffekten und erweitern ihren Horizont. Managementkompetenzen lassen sich auf diese Weise gut fordern; besonders, wenn alle Gruppenmitglieder aus demselben beruflichen Feld stammen und dieselbe Funktion innehaben (vgl.

Schreyögg 1998, S. 209). Beim Gruppen-Coaching besteht auch weniger als im Einzel-Coaching die Gefahr, durch die subjektiven Wahrnehmungen einer Person einseitige Interessen zu verfolgen oder unangemessene Schlussfolgerungen zu ziehen (vgl. Rauen 2000, S. 58). Dieses Coaching-Setting, das sinnvollerweise nicht mehr als 15 Personen umfassen sollte (vgl. Schreyögg 1998, S. 213), ermöglicht im Gegensatz zum Einzel-Coaching aber seltener die Möglichkeit zu einer intensiven, vertrauensvollen Zusammenarbeit oder gar zur Bewältigung von Krisen. Durch die Anwesenheit mehrerer Personen entsteht eine gewisse Öffentlichkeit, was die Intensität der Beratungsbeziehung des Coachs zu den einzelnen Gruppenmitgliedern und auch die Anzahl der Interventionsmöglichkeiten einschränkt (vgl. Rauen 2000, S. 58).

Teilweise wird dieses Coaching-Konzept sehr kritisch beurteilt, bzw. ad absurdum geführt. Hauser beispielsweise lehnt dieses Konzept völlig ab und definiert Coaching generell als einen Einzelberatungsprozess bzw. eine Zweierbeziehung (Hauser 1991, S. 212).

Looss kritisiert das Gruppen-Coaching, da der Unterschied zu bereits vorhandenen Formen der gruppenbezogenen Arbeitsweise nicht ersichtlich sei. Die besondere Art der Beziehung zwischen Coach und Klient, die sich durch Intimität und Neutralität auszeichnet, kann nach seiner Auffassung nicht gegeben sein. Somit ist die Gefahr der Verwechslung des Gruppen-Coachings mit Formen wie Seminar, Selbsterfahrungsgruppe, Trainingsgruppe oder Klausurtagung gegeben. Allenfalls kann es sich um „Einzelberatung unter Zeugen" handeln, was nach Looss höchst fatal wäre (vgl. Looss 2002, S. 156).

2.5.2.3 Team-Coaching

„Teams sind institutionalisierte Gruppen, die dauerhaft eine gemeinsame Aufgabe erfüllen oder die jedenfalls ihre Arbeitskraft in den Dienst einer als gemeinsam definierten Aufgabe stellen" (Trebesch zit. nach Schreyögg 1998, S. 209). Der Unterschied zwischen Gruppen und Teams liegt somit darin, dass Teams im Gegensatz zu Gruppen eine gemeinsame Aufgabe haben.

Das Team-Coaching ist nach Schreyögg eine optimale Anordnung, wenn sich ein

Team neu etabliert, wenn es kollektive Krisen meistern muss oder wenn es neue Lernmöglichkeiten mobilisieren will (vgl. Schreyögg 1998, S. 210). Um Team-Coaching von anderen Formen der Teamentwicklung zu unterscheiden, ist das Ziel dieser Maßnahme nach Rauen neben der Förderung von Kommunikation, Motivation und Kooperation auch die Förderung bzw. der Erhalt der Selbststeuerungsfähigkeit des Teams. Der Coach fungiert zwar als Analytiker und Prozessberater bei den Treffen und Besprechungen des Teams, dieses muss seine Aufgaben jedoch selber erfolgreich lösen. Die Tätigkeit des Coachs bewirkt nicht nur die Behandlung von Symptomen, sondern auch die Aufklärung von dahinter liegenden Ursachen. Ziel des Coachings ist es also, das Team fähig zu machen, zukünftige Problemursachen rechtzeitig zu erkennen und zu beheben.

Eine solche Beratungstätigkeit erfordert von einem Coach umfangreiches methodisches Können, denn der Erfolg des Coachings ist in diesem Setting davon abhängig, dass alle Teammitglieder den Coach und seine Methoden anerkennen. Somit können nach Rauen nur wenige Coachs diese Variante kompetent durchführen (vgl. Rauen 2000, S. 61).

Die Nachteile des Team-Coachings liegen wie im zuvor beschriebenen Gruppen-Coaching darin, dass der Aufbau einer vertrauensvollen Beziehung zu den Team-Mitgliedern natürlich ungleich schwieriger ist als beim Einzel-Coaching.

Bezüglich der Art und Herkunft der Coachs lassen sich zwei Gruppen von Coachs unterscheiden: der externe Coach und der interne Coach. Diese Unterteilung wird in der Literatur allerdings nicht eindeutig vorgenommen. Je nach Coaching-Verständnis und Definition ergeben sich andere Auffassungen zu dieser Unterteilung. Looss beispielsweise favorisiert nur den externen Coach (Looss 2002). Auf Grund des Schwerpunkts der Studienarbeit soll hier nicht weiter darauf eingegangen werden. Vorausgesetzt, dass es sich bei beiden Varianten um Coaching handelt, richtet sich die Entscheidung für eine dieser Varianten im Einzelfall nach der Ausgangssituation und auch nach der jeweiligen Zielsetzung, die mit dem Coaching verbunden ist.

In manchen Fällen, z.B. bei Anlässen, die einen hohen Beratungsaufwand erwarten lassen, ist auch eine Kombination aus beiden möglich und sinnvoll (vgl. Rauen 2000, S. 49). Das kann beispielsweise bei Umstrukturierungsprozessen oder innovativen Projekten der Fall sein; besonders, wenn die interne Personalentwicklung auf Grund ihrer Größe entsprechende Anforderungen nicht alleine bewältigen kann (Schreyögg 1998, S. 204 f.). Wie gesagt, auch hinsichtlich der Anzahl der Klienten und deren Anliegen gibt es Differenzierungen, die hier nicht weiter ausgeführt werden.

2.5.3 Das Health-Coaching

Health Coaching lässt sich als Modell verstehen, das die Hypothesenbildung, die Interventionsplanung und das Methodenspektrum systemischen Coachings erweitert. Einerseits ist es völlig eingebettet in die Grundzüge von Coaching, andererseits entwickelt sich in der Arbeit mit dem Thema Gesundheit fast ein eigenes Produkt, das über spezialisierte Formen der Prozessgestaltung und Methodik verfügt.

„Health Coaching ist Hilfe zur Selbsthilfe." (Gollner, E./Kreuzriegler, F./ Thuile, C./ Oswald, B. 2001, S. 6). Grundlage ist ein ganzheitliches Verständnis von Gesundheit und bezüglich der sehr unterschiedlichen Motive, Wünsche und Erwartungen gibt es doch sich überschneidende Interessen:

- mit ihren Wünschen, sich einer langen Gesundheit zu erfreuen, jung zu bleiben und die Angst vor dem Sterben zu vergessen
- mit dem Streben nach Aufmerksamkeit durch gutes, d. h. junges und gesundes Aussehen mit der Eigenverantwortung, die ihnen zunehmend der Rückzug der sozialen Sicherungssysteme auferlegt
- mit der Leistungsfähigkeit und Fitness, die ihre Position im Kampf um Arbeitsplätze verbessert
- mit der zunehmenden Skepsis gegenüber bestimmten Lebensgewohnheiten, die offensichtlich die Gesundheit beeinträchtigen
- mit der Aufgabe, für das eigene Leben tragfähige Sinnbeschreibungen und eine spirituelle Heimat zu finden, die nicht mehr so sehr von externen Autoritäten vorgegeben werden.

Diese Themen finden sich auf verschiedenen Ebenen wieder. Zum Beispiel im Bereich der persönlichen Lebensgestaltung als Wellness oder Fitness, in der Wirtschaft als Geschäftsfeld, aber auch als Gesundheitsförderung im Unternehmen, in der Politik als Gesundheitsreform. Das heißt, dass wichtige Bereiche des Lebens mit dem Thema Gesundheit verwoben sind. Solche Sachverhalte berühren natürlich auch die Entwicklungsprozesse von Beratungskonzepten in Verbindung mit dem großen Thema „Arbeitswelt". „Der Coach im Gesundheitscoaching berät in den Bereichen körperliches bis seelisches Wohlbefinden und hilft dem Einzelnen, seine persönliche Lebenskultur aufzubauen." (Schmid E./Weatherly, J.N./Meyer-Lutterloh, K./Seiler, R./Lägel, R. 2008, S 28).

Health Coaching ist als ein Instrument zu betrachten, das präventive Wirkung im Bezug auf Stressfolgen erzeugt, denen Berufstätige ausgesetzt sind. Verschärft wird die Situation für viele Arbeitnehmer dadurch, dass die Führungskräfte dieser Situation oft ebenfalls nicht gewachsen sind und durch ihren Führungsstil zusätzlichen Stress erzeugen. Hieraus ergeben sich die Dimensionen von Health Coaching.
Neben den Strategien zur Bewältigung von Stress, Stressfolgen und Stressbewältigung, wie auch Stressprotektion als zentrale Themen von Health Coaching, gilt es die Zuversicht anzulegen, den Herausforderungen gewachsen zu sein, und den Glauben an sich selbst, wie auch an die eigenen Gestaltungsmöglichkeiten zu gewinnen. Diese Kompetenzen wachsen von innen und sind das Ergebnis persönlicher Reifung, die durch das Coaching sich entwickeln sollen und dürfen. Dies geschieht am besten in langfristigen Settings, um die notwendige Nachhaltigkeit zu erreichen und zu gewährleisten, da die neue Lebensweise sich teilweise gegen die sonstigen Dynamiken, wie langjährige alte, negative Verhaltensmuster, Bequemlichkeit und Routine durchsetzen muss.

2.5.4 Philosophisches Coaching
Coaching ist ein Instrument psychosozialer Beratung von Führungskräften, Entscheidungsträgern, Experten, oft mit Spezialaufgaben, und hat damit unmittelbaren Einfluss auf –oft weitreichende – Entscheidungen. Solche Beratung muss

deshalb ein in besonderem Maße ethisch verantwortetes Handeln sein und die Reflexion der zugrundeliegenden Werte und Leitprinzipien (Menschenbild, Gesellschaftsverständnis, Weltbezug, Unternehmensphilosophie) zum integrierten Bestandteil des Coachingprozesses machen, diese Fragen also immer wieder aufgreifen. „Die Coaches, die sich allmählich herausbilden, können oder sollten sich mit diesen Fragestellungen auseinandersetzen, mit welcher „philosophy" ein Coach seine Arbeit macht, wie er an Fragen der Wertschöpfung herangeht, welches Verständnis von fairen Umgang er hat usw."(Petzold 1998,S. 223). Es werden bei Coaches durchaus wertegeleitete Handlungsstrategien erwartet oder auch Entscheidungshilfen bei der Lösung eigener Wertefragen.

Bei dem Persönlichkeits- und Handlungsprofil für einen Coach, das in den Antworten der Befragten aufscheint, ist man in gewisser Weise an die Art der „dialogischen" Begleitung erinnert, die ein lebens-, politik- und verwaltungserfahrener „elder statesman" wie Seneca (*Corduba um 4 v.Chr., † Rom April 65 n.Chr.;ed. 1924, 1993) dem Lucilius oder dem Serenus angedeihen ließ. In einem dialogischen Klima, mit Besonnenheit, Gelassenheit, Überschau, Klarheit und Mut, Geradlinigkeit der Ansprache, darum ging es den antiken Lebenslehrern in der Begleitung von Menschen in ihrer beruflichen Arbeit, bei der Meisterung ihrer administrativen und politischen Aufgaben. Dabei wurde keineswegs ein Überlegenheitsgestus eingenommen, sondern ein kooperierendes Reflektieren angestrebt: „Wir werden aber zunächst uns selbst in den Blick nehmen müssen, sodann die Geschäfte, die wir in Angriff nehmen, sodann die Personen, um deretwillen oder mit denen wir handeln. Vor allem ist es notwendig, sich selbst einzuschätzen" (Seneca, De tranquilitate animi 6, 1f). Wohl dem Coach und dem Coachee, der diesen Maximen folgt (vgl. auch Cicero, De officiis 3, 43-46), denn die Frage der angemessenen Selbsteinschätzung gehört zu den schwierigsten in Führungspositionen. Es ging also keineswegs nur oder überwiegend um die Unterstützung in Belastungen und Problemen. Lebenspraktisches Wissen wurde in der Umsetzung begleitet: „Wir müssen uns als flexibel erweisen, nicht allzu starr an einmal gefassten Entscheidungen festhalten und einen Weg zur Überwindung der Lage finden, in die uns der Zufall gebracht hat ..." (Seneca, a.a.O. 14, 1f).

Die innere Ausgeglichenheit (tranquillitas), die Ausgewogenheit des Urteils, der Mut, Entscheidungen zu treffen und zu verantworten, das alles sind Qualitäten, die Menschen nicht einfach in die Wiege gelegt wurden, sondern die – selbst unter großen Belastungen - eine beständige „Arbeit an sich selbst" (Petzold 1998, S. 154) erfordern. Das wussten die Alten und suchten sich lebenserfahrene und in der „Seelenführung" erprobte „mentores". Modernes Coaching könnte hier viel profitieren, denn es werden in diesen Texten Fragen behandelt, die durchaus in den Rahmen der hier zur Rede stehenden Fragestellungen fallen. Ein solches Wissen und eine solche Praxis scheint in komplexen, zunehmend globalisierten Arbeitsbereichen wieder gefragt. Coaching auf einem hohen Niveau kann hier zu einer neuen „Kultur der Reflexivität" beitragen. Es erfordert allerdings dann auch ein entsprechendes Niveau des Coaches, der seinen Coachee als Partner in den differenzierten Prozessen der Selbstentwicklung begleitet, denn darum geht es letztlich auch im Coaching. Was ein solches „philosophisches Coaching und Selbstcoaching" vermochte, zeigen die beeindruckenden Selbstbetrachtungen eines Mannes in Spitzenposition, des Kaisers Marc Aurel, der zur folgenden Position kommt:

„Ich finde meine Freude im Besitz einer gesunden, mich leitenden Vernunft, die sich von keinem Menschen und keiner menschlichen Angelegenheit abwendet, sondern alles mit wohlwollendem Auge ansieht und aufnimmt und jegliches nach Maßgabe seines Wertes nutzt" (Marc Aurel, Selbstbetrachtungen VIII, 43, ed. 1998).

2.6 Der Coaching-Prozess

Im Kapitel über die Coaching-Varianten wurde deutlich, dass es vielfältige Formen eines Coachings gibt. Daher ist es nicht möglich, eine allgemein gültige Beschreibung eines typischen Coaching-Prozesses vorzunehmen. Im Folgenden werde ich das Coaching-Setting des Einzel-Coachings durch einen externen Coach als Beispiel für einen Coaching-Prozess darstellen, denn das Einzel-Coaching ist die im deutschsprachigen Raum verbreiteste Variante. Auch hat sie als Einzelberatung im Rahmen dieser Arbeit die größte Relevanz. Als Schema verwende ich dabei den von Rauen (2000, S. 173) entwickelten Ablauf.

Beratungsbedarf:	Erkennen des Wunsches nach individueller Unterstützung
Erstes Kennenlernen:	Die Kontaktaufnahme und das Erstgespräch
Vertragsschluss:	Formaler und psychologischer Vertrag
Klärung der Ausgangssituation:	Bestimmung von Ist- und Soll-Zustand
Zielbestimmung:	Ziele und Lösungswege werden erarbeitet
Interventionen:	Gespräche und Maßnahmen
Evaluation:	Überprüfung der Zielerreichung
Abschluss: Die Abschluss-Sitzung:	Das formale Ende des Coachings

Ergänzend sei noch hinzugefügt, dass es sich hier nur um einen exemplarischen Ablauf handelt, und dass die Trennung dieser Phasen in der Realität nicht immer eindeutig vorzunehmen ist.

Es lassen sich folgende Voraussetzungen für einen gelungenen Coaching-Prozess aus der Praxis heraus aufstellen:
Vor Beginn eines Coaching-Prozesses sollte der Coach darauf achten, dass bestimmte Voraussetzungen erfüllt werden, und er sollte diese mit dem Klienten besprechen.

Ein gelungener Coaching-Prozess ist abhängig von einer guten Arbeitsbeziehung zwischen den Beteiligten. Diese ist umso wahrscheinlicher, je besser die Voraussetzungen für Freiwilligkeit, persönliche Akzeptanz und Diskretion gegeben sind. Diese sind sozusagen die Rahmenbedingungen, und sie sollten vorab unbedingt geklärt werden.

- **Freiwilligkeit**
    Da eine sinnvolle Beratung nicht möglich ist, wenn Coaching sozusagen "von oben" verordnet ist, sollte der Coach sicherstellen, dass seine Beratung auch tatsächlich freiwillig von dem Klienten gewünscht wird

und dieser ein begründetes Interesse an diesem Prozess hat.

- **Persönliche Akzeptanz**
  Coaching berührt auch sehr persönliche Bereiche des Klienten. Daher muss zwischen Coach und Klienten eine Beziehung hergestellt werden können, die geprägt ist von persönlicher Akzeptanz und Wertschätzung. Andernfalls kann keine vertrauensvolle Basis entstehen, die Grundlage für den Coaching-Prozess ist. Damit wäre das Coaching in einem solchen Fall zum Scheitern verurteilt.

- **Diskretion**
  Der Coach sollte dem Klienten absolute Verschwiegenheit zusichern, denn ansonsten fehlt die Offenheit, die für die Beratung gegeben sein muss. Wenn der Klient sich nicht sicher ist, ob die Gesprächsinhalte vertraulich behandelt werden, wird er möglicherweise entscheidende Themen nicht ansprechen. Dadurch wäre das Gelingen des Coaching-Prozesses in Frage gestellt, bzw. eine sinnvolles Coaching überhaupt nicht möglich, (vgl. Rauen 2000, S. 171 f.)

Neben diesen Rahmenbedingungen sollte der Coach auch soweit wie möglich absichern, dass der Anlass für das Coaching nicht in den Bereich der Therapie gehört (siehe Abschnitt 3.7: Grenzen von Coaching).

2.7 Grenzen von Coaching

Laut Rauen sollte Coaching nicht als „Wundermethode" angesehen werden (Rauen 2001, S. 209). So lassen sich Rahmenbedingungen, die z.B. durch die Organisation entstehen, in welcher der Klient arbeitet, durch einen Coach nicht verändern. Es liegt beispielsweise nicht im Bereich seiner Möglichkeiten, Ressourcenknappheit oder Personalmangel zu beseitigen. Der Coach kann allerdings seine Klienten bezüglich des Umgangs mit derartigen Belastungen beraten. Das ergibt sich aus dem Hauptziel im Coaching, der Hilfe zur Selbsthilfe.

Auch auf individueller Ebene gibt es Grenzen; sowohl auf Seiten des Coachs als auch auf Seiten des Klienten. In den Fällen, in denen sich herausstellt, dass der Coach vom Klienten lediglich als Ersatz für fehlende soziale Kontakte und als Gesprächspartner für Alltagsgespräche angesehen wird, muss der Coach sich darüber im Klaren sein, dass das nicht seine Aufgabe ist. Er muss gerade dann darauf achten, dass die eigentliche Funktion des Coachings erhalten bleibt: die „Förderung von Selbstregulation und -management des Klienten" (vgl. Rauen 2001, S. 209 f.). Laut Rauen ist Coaching dann nicht mehr als geeignete Methode anzusehen und eine Psychotherapie zu favorisieren, wenn ein Mangel an Selbstwirksamkeits- und Selbstregulationsfähigkeiten besteht (Rauen 2001, S. 68).

Schreyögg stellt die drei Faktoren mangelnde Kompetenz des Coach, ungünstige Rahmenbedingungen und Erkrankungen als Grenzen im Coaching dar (vgl. Schreyögg 1998, S. 66). Zu diesen Erkrankungen sind Suchtphänomene zu zählen, aber auch akute psychotische Zustände. Diese gehören nach Schreyögg in den Bereich der Psychotherapie.

Im Coaching geht es laut Schreyögg wie auch in der Psychotherapie darum, Probleme zu rekonstruieren. Der Klient versteht dadurch besser, was ihm Sorgen macht und wie er Änderungen realisieren kann. Der entscheidende Unterschied liegt darin begründet, dass beim Coaching eine „Fokussierung auf berufliche Probleme" (Schreyögg 1998, S. 65) erfolgt. Wie bereits im Kapitel über Anlässe für Coaching ausgeführt, bieten u.a. Krisen einen Anlass für Coaching. Gerade bei einer Krise durch die Kombination von persönlichen und situativen Faktoren wie es z.B. bei Stress, Burnout oder Mobbing gegeben ist, kann die Abgrenzung zwischen Coaching und Therapie meiner Auffassung nach eine Gratwanderung sein. Für diese Ansicht gibt es zwei Gründe: Zum einen bleiben die Auswirkungen dieser Faktoren wohl selten auf den beruflichen Bereich beschränkt, was die Fokussierung auf berufliche Probleme schwierig macht. Zum anderen erfordern diese Anlässe ein hohes Maß an Kompetenz auf Seiten des Coachs bezüglich der Einschätzung der Situation. Gerade im Bereich Mobbing sind die Auswirkungen häufig bereits nach kurzer Zeit so gravierend, dass sie pathologische Ausmaße annehmen können (vgl. Leymann 2002).

Auch Looss betont, dass Coaching deutlich von Psychotherapie abzugrenzen ist. Vom Setting her sind die Beratungsformen zwar ähnlich; auch wird in beiden Verfahren das Erleben des Klienten thematisiert, es gibt aber auch deutliche Unterschiede. Diese liegen in der Thematik, der Zielgruppe, dem örtlichen und zeitlichen Arrangement und in der Intensität der Arbeit begründet (vgl. Looss 2002, S. 142).

Neben den bereits genannten Aspekten ist natürlich auch zu berücksichtigen, dass die Beziehungsebene zwischen dem Coach und dem Klienten stimmen muss. Wenn eine persönliche Abneigung besteht oder die Freiwilligkeit nicht gegeben ist, ist ein effektives Zusammenarbeiten nicht oder nur unter erschwerten Bedingungen möglich.
Der Coach sollte bei seiner Arbeit bedenken, dass Coaching weit über den direkten Aufgabenbezug hinausreicht; es muss den ganzen Menschen, samt seinen Ängsten, Zweifeln und Hoffnungen einbeziehen.

3. Coaching als Arbeitsfeld für Erwachsenenbildner

Im zweiten Kapitel dieser Arbeit habe ich die Bedeutung von Beratung in der Erwachsenenbildung herausgearbeitet und sie als wichtiges Arbeitsfeld für Diplom-Pädagogen dargestellt. Im dritten Kapitel wurde die Beratungsform Coaching anhand verschiedener Kriterien näher bestimmt. In diesem abschließenden vierten Kapitel geht es nun darum, Coaching als Arbeitsfeld für Diplom-Pädagogen zu betrachten.

Dabei möchte ich zunächst Coaching als Form pädagogischer Beratung legitimieren. Danach werde ich das Coaching von einer anderen Form der Beratung, nämlich der Supervision, abgrenzen.
Da der Begriff Coaching nicht geschützt ist, und sich im Grunde jeder, der diese

Form der Beratung anbieten möchte, „Coach" nennen darf, werde ich auch noch darauf eingehen, wie Coaching als seriöse Beratungsform gelten kann. In diesem Rahmen möchte ich auch darstellen, welches Qualifikationsprofil ein professioneller Coach haben sollte und welche Anforderungen ein Coaching-Konzept erfüllen sollte.

Im Anschluss daran wird die Kompetenz von Diplom-Pädagogen als Coach untersucht. Dabei wird zunächst das Thema Professionalität in der Erwachsenenbildung bearbeitet. Danach wird beschrieben, wie Beratungskompetenz erworben werden kann. Die Analyse der „Handlungskompetenz Beratung" in Bezug auf Coaching bildet den Abschluss dieses Kapitels.

3.1 Coaching als Form pädagogischer Beratung

Die Legitimation des Coachings als Form pädagogischer Beratung bietet die Grundlage für die Bestätigung der Hypothese, dass Coaching ein Arbeitsfeld für Diplom-Pädagogen ist. Dazu ist ein Vergleich der Beratungsform Coaching mit den Kriterien pädagogischer Beratung erforderlich.

Krause bietet durch ihre Auffassung von pädagogischer Beratung eine Möglichkeit, diesen Vergleich vorzunehmen.

Bei Krause (2003, S. 25 f.) heißt es: Von pädagogischer Beratung sprechen wir, wenn:
- Beratungsbedarf in einem pädagogischen Handlungsfeld besteht,
- es um die Gestaltung von Lernprozessen geht,
- die Einbeziehung des Umfeldes bzw. der bedeutsamen Elemente des Systems, in dem die Ratsuchenden und Beratenden agieren, in den Blickpunkt gerückt werden soll.

Vergleicht man diesen Definitionsversuch mit der Definition des Coachings durch Rauen, sind Übereinstimmungen festzustellen. Diese sollen im Folgenden dargestellt werden.

3.1.1 Coaching und der Beratungsbedarf in einem pädagogischen Handlungsfeld

Nach Krause handelt es sich um pädagogische Beratung, wenn Beratungsbedarf in einem pädagogischen Handlungsfeld besteht. Damit Coaching als Form pädagogischer Beratung gelten kann, müsste es sich dabei also um ein pädagogisches Handlungsfeld handeln. Nach Giesecke ist pädagogisches Handeln dadurch gekennzeichnet, dass es sich auf die Veränderungen von Menschen bzw. deren Verhältnisse und Bedingungen bezieht. Dabei erfolgt diese Handlung wechselseitig und ist gekennzeichnet durch Interaktionen.

Bei Rauens Definition des Coachings ist die Rede davon, dass es sich um einen interaktiven Prozess handelt, wobei die Interaktivität darin besteht, dass der Klient aktiv an diesem Prozess beteiligt ist und die Lösung in der Kommunikation mit dem Coach entsteht.

Die Berechtigung des Coachings in der Erwachsenenpädagogik wird auch von Horst Siebert im „Wörterbuch Erwachsenenpädagogik" (2001) beschrieben: „Coaching ist die Begleitung, Motivierung, Unterstützung von Lern- und Arbeitsprozessen. Der Coach ist ein aufmerksamer Beobachter von Lernstärken, Lernstrategien, Lernbarrieren, Lernschwierigkeiten. Durch sensible Rückmeldungen und Anregungen soll die Qualität des (selbstgesteuerten) Lernens verbessert werden." (Siebert 2001, S. 190). Damit kann Coaching als pädagogisches Handlungsfeld bezeichnet werden.

3.1.2 Coaching und die Gestaltung von Lernprozessen

Krause (2003, S. 25) versteht Lernen folgendermaßen: „Lernen ist ein individueller Akt des Individuums oder eines Systems, die dabei ablaufenden Prozesse können zwar beeinflusst, aber nicht fremdgesteuert werden." Da die Zielgruppe beim Coaching Personen mit Managementaufgaben sind, ergibt sich im Hinblick auf die Gestaltung von Lernprozessen nach Looss eine Schwierigkeit. Führungskräfte halten sich zwar für außergewöhnlich lernfähig, gehen aber oft davon aus, dass sich Lernen auf die Aufnahme von Sach- oder Fachinformationen beschränke.

Ein pädagogischer Blick auf Lernprozesse erfordert aber ein anderes Verständnis dieses Vorganges, da ja die Verbesserung der Handlungsfähigkeit erreicht werden soll, also eine Art „Verhaltensänderung". Lernen kommt dort in Betracht, wo man die Grenzen seiner Handlungsmöglichkeiten erfährt (vgl. Looss 2002, S. 115).

Dieses Bewusstsein bei den Klienten zu schaffen ist eine Herausforderung für den Coach; aber zugleich eine unabdingbare Voraussetzung dafür, dass Lernen stattfinden kann. Dabei hat ein Berater die Aufgabe eines Pädagogen, und er verhält sich entsprechend dieser Rolle: „Er knüpft an bestehende Erfahrungen an, zeigt, lässt üben, korrigiert, gibt lernbezogene Rückmeldung." (Looss 2002, S. 117).

3.1.3 Coaching und die Einbeziehung des Umfeldes

Durch Beratung sollen Ressourcen im Umfeld der Ratsuchenden aufgedeckt, zugänglich gemacht und gefördert werden. Damit zielt Beratung sowohl auf Veränderung der Person wie auch auf Veränderung ihres sozialen Lebensraums ab (vgl. Krause 2003, S. 27).

Neben positiven Veränderungen, die durch Beratung ausgelöst werden können, besteht allerdings auch die Möglichkeit, dass es durch Beratung zu Irritationen kommt. Typisches Beispiel dafür ist die Beratung von Frauen, die nach einer Familienphase wieder in das Berufsleben einsteigen wollen. Dieser Wiedereinstieg hat natürlich auch Auswirkungen auf die Familie, was zusätzlichen Beratungsbedarf auslösen kann.

Coaching ist ein interaktiver, personenzentrierter Beratungs- und Betreuungsprozess, der berufliche und private Inhalte umfassen kann. Bei der Thematisierung dieser Inhalte ergibt es sich automatisch, dass auch die Beziehungen im privaten und beruflichen Umfeld involviert sind. Diese haben Auswirkungen auf die Befindlichkeit des Klienten, bieten möglicherweise Anlass zum Coaching und können sich sowohl im Laufe des Coaching-Prozesses als auch danach verändern.

Zu den vielfältigen Vorzügen des Coachings gehört auch die Veränderung der Lebensqualität am Arbeitsplatz. Diese kann sich durch gesteigerte Beziehungsfähigkeit und größeres Empathievermögen verbessern. „Aufgrund des Respekts gegenüber dem einzelnen, der verbesserten Beziehungen und des damit einhergehenden Erfolgs wird sich die Arbeitsatmosphäre zum Besseren verändern." (Whitmore 1995, S. 145). Die dadurch erreichte Zufriedenheit wird sich auch auf das Privatleben auswirken.

3.1.4 Coaching und die Ziele pädagogischer Beratung
Ziel einer pädagogischen Beratung ist es nach Krause (2003, S. 25), die Ressourcen des Ratsuchenden zu entdecken, zu aktivieren und weiter zu entwickeln. Daneben ist zentrales Ziel der pädagogischen Beratung die „Hilfe zur Selbsthilfe".

Auch beim Coaching geht es darum, die Ressourcen des Klienten einzubeziehen, denn der Coach liefert keine Lösungsvorschläge, sondern regt den Klienten an eigene Lösungen zu entwickeln. Damit soll die Selbstreflexion und -wahrnehmung gefördert werden.

Das übergeordnete Ziel der pädagogischen Beratung wird auch im Coaching angestrebt: beide sollen eine „Hilfe zur Selbsthilfe" sein.

Da die von Krause genannten Kriterien pädagogischer Beratung beim Coaching gegeben sind und außerdem die Ziele des Coachings mit denen der pädagogischen Beratung kompatibel sind, ist Coaching als Form pädagogischer Beratung bzw. Beratung in der Erwachsenenbildung legitimiert.

Im nun anschließenden Kapitel soll Coaching von einer anderen Form der Beratung, der Supervision, abgegrenzt werden.

3.2 Coaching in Abgrenzung zur Supervision
Unter Supervision versteht man „eine berufsbezogene Beratungsform, die auf dem Hintergrund der jeweiligen Organisation die Reflexion, Verarbeitung und Weiterentwicklung personaler und sozialer Fähigkeiten und Fertigkeiten im Arbeitsalltag fördert." (Deutsche Gesellschaft für Supervision e.V. zit. nach Rauen 2001, S. 65). Die Supervision bietet eine Hilfe für Menschen in beratenden Tätigkeiten bzw. im sozialen Bereich, ihre eigene Berufsrolle zu überdenken und zu reflektieren.

Dies gilt vor allem in Hinblick auf emotionale Belastungen, denn auch ein Berater ist ja „nur ein Mensch", der seine eigenen Gefühle und Emotionen nicht völlig beiseite schieben kann.

Die Beratungsform Supervision soll hier kurz erläutert werden, weil sie ihrerseits eine Form der Beratung ist, die als Unterstützung für den Coach im Rahmen seiner Tätigkeit eine wertvolle Hilfe sein kann, denn die Anforderungen an die Qualifikation des Coachs sind sehr vielfältig und anspruchsvoll. Diese Tatsache kann auch beim Coach selbst Beratungsbedarf auslösen. „Berater gehören, ganz gleich, ob sie nun ursprünglich in der Managementwelt oder in der psychosozialen Welt professionell herangewachsen sind, in ihrer Funktion zu den Beziehungsarbeitern und benötigen deswegen einen Lernort für sich selbst, wo sie ihre Erfahrungen aus der Beratungsarbeit mit einem anderen kompetenten Kollegen professionell auswerten können. Diese Lernform heißt in der psychosozialen Welt „Supervision" und gehört zu den professionellen Pflichten für Berater."
(Looss 2002, S. 197)

Wie beim Kapitel Herkunft und Entwicklung des Coachings zu sehen ist, gilt Supervision als eine der Wurzeln des Coachings. Manche Autoren haben sich über die Supervision zum Thema Coaching bewegt. Teilweise wird Supervision mit Coaching gleichgesetzt bzw. nur durch den Anwendungsbereich unterschieden: „Die Supervision ist dem Coaching in vielerlei Hinsicht sehr ähnlich" (Rauen 2001, S. 65).

Supervision entstand zu Beginn des 20. Jahrhunderts aus der amerikanischen Tradition von Sozialarbeit. Wenige fest Angestellte berieten die vielen ehrenamtlichen Mitarbeiter. Danach entwickelte sich die Supervision als emotions- und beziehungsorientierte Beratungsform. Seit den 1950er Jahren geht es vorrangig um Auseinandersetzungen mit eigenen psychischen Anteilen von Professionellen, die diese in die Interaktionen mit Klienten und Patienten hineintragen.
Seit den 1960er Jahren erlangte die Supervision auch in Deutschland zunehmende Bedeutung. Es etablierten sich verschiedene Ausbildungsgänge und ein Dachverband (Deutsche Gesellschaft für Supervision). Die verwendeten Ansätze

orientieren sich hauptsächlich an psychotherapeutischen Konzepten (vgl. Schreyögg 1998, S. 58 ff.).

Der Unterschied zwischen Supervision und Coaching lag anfangs hauptsächlich in der Zielgruppe begründet, denn Supervision begrenzte sich auf „erklärte Beziehungsarbeiter", während sich Coaching an Personen mit Management-Aufgaben richtet.
Mittlerweile gibt es aber durch eine Weiterentwicklung der Supervision keine Beschränkung auf eine Zielgruppe mehr: die Deutsche Gesellschaft für Supervision e.V. hat auch eine Fachgruppe für Supervision in der Wirtschaft gegründet.
Die o.g. Definition der Supervision deutet auf starke Ähnlichkeiten zwischen Supervision und Coaching hin. Beide Beratungsformen sind berufsbezogen und haben die systematische Reflexion beruflichen Handelns zum Ziel.

Gemeinsamkeiten zwischen Coaching in der Personalentwicklung und Supervision sind nach Rauen (2001, S. 66):
- Analyse der Wahrnehmung der Aufgaben und der Gestaltung der Rolle
- Die Rolle des Beraters als prozessberatender Zuhörer und Gesprächspartner
- Sehr ähnliche Settings (Einzel- Gruppen- u. TeamCoaching/Supervision)
- Beschäftigung mit und in dem Praxisfeld des Klienten
- Abgrenzung von der Psychotherapie
- Stark reflektierende Verfahren

Neben den Gemeinsamkeiten gibt es aber auch Unterschiede:
Coaching wurde im Leistungs- und Profitbereich entwickelt und wird dort hauptsächlich angewendet. Die Entwicklung der Supervision dagegen fand im Non-Profit-Bereich statt und sie beschäftigt sich erst seit kurzer Zeit mit dem Profit-Bereich.
Coaching findet oft im direkten Arbeitsfeld des Klienten statt, wobei Themen wie Macht und Hierarchien eher akzeptiert als kritisiert werden. Der Supervisor dagegen hält mehr Abstand zum Arbeitsfeld des Klienten. Außerdem herrscht in der

Supervision ein kritischer Umgang mit den vorgenannten Themen.
Ein weiterer unterschiedlicher Faktor sind die Kosten. Diese sind beim Coaching durch einen externen Coach oft relativ hoch, während Supervision normale Kosten verursacht (vgl. Rauen 2001, S. 66). Eine Rolle bei der Akzeptanz von Beratung im wirtschaftlichen Bereich spielt sicherlich auch die Bezeichnung. Da Supervision seine Wurzeln im sozialen Bereich hat, ist der Begriff „im Kontext von Management und Unternehmung noch nicht anschlussfähig" (Looss 1991, zit. nach Rauen 2001, S. 66). Die Bezeichnung der Beratung als „Coaching" dürfte sich daher eher durchsetzen.

3.3 Coaching als seriöse Beratungsform
In der Einleitung zu dieser Arbeit wurde bereits dargestellt, dass der Begriff Coaching vielseitig verwendet wird. Dabei stellt sich die Frage, ob es sich beim Coaching um eine seriöse Beratungsform handelt, bzw. durch welche Kriterien es zu einer seriösen Form wird.

3.3.1 Qualitätskriterien im Coaching
Damit Coaching nicht zu einer Form der Beratung wird, bei der unprofessionelle Berater diese Bezeichnung z.B. aus monetären Gründen verwenden, ist es erforderlich, vom Coach anwendbare und von Dritten überprüfbare Qualitätskriterien verfügbar zu haben.
Diese Kriterien haben Heß und Roth (2001, S.63) herausgearbeitet. Sie unterscheiden drei Qualitätsdimensionen: Struktur-, Prozess-, und Ergebnisqualität.
Im Rahmen der Strukturqualität geht es um Kriterien der personellen, materiellen und räumlichen Ausstattung. Diese Dimension betrachtet die Grundfrage, was für das Coaching benötigt wird. Dabei geht es um den Coach, den Klienten, deren Beziehung zueinander, sowie um die Rolle des Unternehmens, in dem der Klient beschäftigt ist.
Die Prozessqualität bezieht sich darauf, welche Handlungen notwendig erscheinen, um ein bestimmtes Ziel zu erreichen. Die Grundfrage lautet hier also, wie das

Coaching durchzuführen ist.
Die dritte Qualitätsdimension, die Ergebnisqualität, bewertet den erreichten Erfolg der Coachingmaßnahme. Untersucht wird dabei also, was beim Coaching herauskommt.

Obwohl alle drei Qualitätsdimensionen sehr bedeutsam sind, möchte ich mich in diesem Kapitel nur mit den ersten beiden Faktoren näher beschäftigen. Die relevante Frage lautet für mich dabei, welches Qualifikationsprofil ein Coach mitbringen muss.

3.3.2 Qualifikationsprofil eines Coachs
Bisher gibt es keine rechtlichen Bestimmungen dafür, wer sich Coach nennen darf. Das führt zu einer Reihe von Problemen:
- Man muss keine formalen Qualifikationen nachweisen, um in diesem Gebiet tätig zu werden. Dieser Umstand provoziert nach Rauen Missbrauch geradezu, und daher herrscht dringender Handlungsbedarf, Qualifikationsstandards zu schaffen.
„Wenn ein Herr Jemand heute entscheidet, Coach zu sein, ist er morgen dennoch keiner." (Hohr, zit. nach Rauen 2001, S. 147)
- Manche Organisationen verkaufen „Coach-Lizenzen" für die Personen, die es mit der Qualität nicht so genau nehmen oder die nicht bereit sind, langwierige und kostspielige Ausbildungen zu absolvieren.
- Jeder definiert sozusagen seinen eigenen Standard. Das kann dann dazu führen, dass Klienten unzufrieden sind oder dass Coaching als unseriös angesehen wird. (vgl. Rauen 2004)
- Für die Suche nach qualifizierten Coachs bietet Christopher Rauen auf seiner Internet-Seite www.coaching-report.de unter „Auswahl von Coachs" eine Checkliste an, die bei der Auswahl helfen kann (vgl. Rauen 2004). „In vielen Fällen sind Coaching-Klienten nämlich überfordert, den für sie passenden Coach nach rationalen Gesichtspunkten auszuwählen" (Schreyögg 1998, S. 125).

Was zeichnet nun einen guten Coach aus? Eine eher ironische Sichtweise ist die von Baisch (zit. nach Rauen 2001, S. 147): „So verfügt der Super-Coach über das emotionale Verständnis der Ehefrau, versteht aber eine Menge vom Berufsleben, kennt als Führungskraft das Leben im Unternehmensdschungel mit seinen Spielregeln und Zwängen, besitzt therapeutische Kompetenz, ohne sich aber wie ein Psychotherapeut zu verhalten. Er besitzt die innere Einstellung eines zum Sieg entschlossenen Leistungssportlers und weiß, dass es außer der Arbeit auch noch andere Werte gibt."

In der Literatur werden verschiedene Eigenschaften aufgezählt, die ein Coach haben sollte (vgl. Rauen 2001, S. 149). Schreyögg bietet einen allgemeinen Rahmen für die Anforderungen an einen Coach. Sie unterscheidet bei den personenspezifischen Anforderungen an den Coach zwischen Anforderungen an den Menschen und Anforderungen an die fachliche Qualifikation. Im Folgenden beziehe ich mich hauptsächlich auf die Ausführungen von Schreyögg(1998, S. 125 ff.).

3.3.3 Anforderungen an den Menschen

Diese Anforderungen sind nach Schreyögg eher subjektiv, da jeder unterschiedlich auf andere Menschen wirkt und von diesen wahrgenommen wird. Trotzdem lassen sich als wichtige grundsätzliche Anforderungen breite Lebens- und Berufserfahrung, gute persönliche Ausstrahlung, angemessener Interaktionsstil und Geschlecht des Coachs nennen.

- **Breite Lebens- und Berufserfahrung**
  Ein Coach wirkt am ehesten dann vertrauenserweckend, wenn er über eine reiche Lebenserfahrung verfügt und selbst die Höhen und Tiefen des Lebens und des Berufslebens erlebt hat. Dazu gehört auch Berufserfahrung in Organisationen und im Idealfall Führungserfahrung. Auch das Alter ist eine wichtige Komponente; so werden im Allgemeinen erst am Ende des vierten Lebensjahrzehnts diese Qualifikationen entwickelt.

- **Gute persönliche Ausstrahlung**
  Dazu gehören auch die Persönlichkeitsmerkmale eines Menschen. Bei einem eher depressiv veranlagten Berater ist z.b. zu vermuten, dass er bei jeder Thematik gleich Schwierigkeiten und die problematischen Aspekte sieht. Bei einem eher „vergnügten Menschen" fehlt es dann auf der anderen Seite vielleicht an Tiefgang, um krisenhafte Erfahrungen des Klienten zu begleiten. Grundsätzlich sollte der Coach in der Lage sein, sich von der aktuellen Stimmungslage des Klienten zu distanzieren, um so den neutralen Blick von außen zu bewahren. Hier spielt wie bei der Lebenserfahrung die Fähigkeit zur Selbstreflexion eine große Rolle. So sollten die Berater selbst während ihrer Praxis auch immer wieder Beratung in Anspruch nehmen.
  Diese Fähigkeit kann man nicht im Rahmen einer Ausbildung erwerben, sondern sie entsteht dadurch, dass man lernt, sich selbst realistisch und selbstkritisch einzuschätzen, sich in Frage stellen zu können und es auch zu ertragen, von anderen in Frage gestellt zu werden (vgl.Rauen 2001, S. 149).

- **Angemessener Interaktionsstil**
  Da das Ziel im Coaching u.a. darin besteht, die Selbstmanagementfähigkeiten des Klienten zu stärken, sollte der Coach nicht ständig dozieren oder die Führung im Coaching-Prozess übernehmen wollen.
  Auf der anderen Seite sollte er sich aber auch nicht übertrieben „nondirektiv" verhalten, da dadurch im allgemeinen ein „Dominanzgefälle" zu Ungunsten des Klienten entsteht. Dieser könnte Vermutungen über die Gedanken und Gefühle des Coachs anstellen bzw. Übertragungen vornehmen. Der Coach sollte sich stets darüber bewusst sein, dass er sich in einem interaktiven Prozess befindet und dass sein Verhalten das Verhalten des Klienten beeinflusst und umgekehrt.

- **Geschlecht des Coachs**
  Zu diesem Thema gibt es keine allgemein gültige Regel. Es hängt er

davon ab, welche Einstellungen der Klienten zu einer geschlechtsspezifischen Auswahl führen. So kann es z.B. für Frauen, die in einem typischen Männerberuf arbeiten, von Vorteil sein, mit einem männlichen Coach die dienstlichen Belange zu besprechen, um eine männliche Sichtweise besser zu verstehen. Andererseits können Frauen aber auch in einer männlich geprägten Umwelt erst recht das Bedürfnis haben, von einer Frau gecoacht zu werden.

Dieses Beispiel lässt sich natürlich auch übertragen auf Männer in einem überwiegend weiblich geprägten Berufsfeld. Der wichtigste Aspekt bei dieser Auswahl ist die Möglichkeit, eine Vertrauensbasis zu schaffen.

3.3.4 Anforderungen an die fachliche Qualifikation

Diese Anforderungen sind nicht in dem Maße subjektiven Vorstellungen unterworfen wie die persönlichen Anforderungen, werden aber teilweise kontrovers diskutiert, vor allem, was die Feldkompetenz betrifft. Zu den fachlichen Qualifikationen gehören eine gute intellektuelle Flexibilität, ein breites sozialwissenschaftliches Wissen, eine angemessene Offenheit in ideologischen Fragen und eine zum Klienten passende Feldkompetenz.

- **Intellektuelle Flexibilität**
  Da die beruflichen Konstellationen der Klienten sehr vielschichtig sein können, benötigt der Coach eine gute Auffassungsgabe, um diese überblicken zu können. Er sollte gut Strukturen erfassen können und auch flexibel genug im Denken sein, um einmal entwickelte Verstehensmuster immer wieder kritisch zu überdenken und gegebenenfalls zu revidieren.

- **Breites sozialwissenschaftliches Wissen**
  Die Themen im Coaching sind sehr komplex und vielfältig. Daher sind je nach Schwerpunkt Managementwissen, personalwirtschaftliche

Kenntnisse, organisationale Kenntnisse, psychologisches Wissen etc. erforderlich. Daher fehlt es im Coaching an thematischer Breite, wenn der Coach entweder nur Managementwissen hat oder die Thematik ausschließlich aus einem psychologischen Blickwinkel betrachtet.

- **Ideologische Offenheit**
Zu dieser Anforderung gehört die Fähigkeit, das eigene Wertesystem immer wieder kritisch zu hinterfragen und zu reflektieren. Das ist auch im Hinblick auf die Klienten wichtig, denn diese agieren in einem Umfeld mit bestimmten Normen und Werten.
Der Berater sollte die Offenheit besitzen, sich damit auseinander zu setzen; seine eigenen Einstellungen dazu zu objektivieren und in Beziehung zu seiner eigenen beruflichen Biographie zu sehen.

- **Die passende Feldkompetenz**
Feldkompetenz, teilweise auch als Expertenwissen bezeichnet, bedeutet, ausreichende Vorkenntnisse über das Arbeitsfeld des jeweiligen Klienten zu haben.
Idealerweise verfügt der Coach nach Schreyögg über diese Erfahrungen, so dass er Führungskräfte unterschiedlichster Bereiche beraten kann, kennt aber auch seine Grenzen (vgl. Schreyögg 1998, S. 131 f.). Diese Kompetenz des Coachs wird kontrovers diskutiert, teilweise für überflüssig, aber teilweise auch für unabdingbar gehalten.
Die Auffassung, dass Expertenwissen nicht erforderlich ist, vertritt z.B. Whitmore: „Braucht der Coach wirklich Erfahrung oder technische Sachkenntnis auf dem Gebiet, in dem er coacht? Die Antwort ist nein. Er braucht sie nicht, wenn er wirklich unvoreingenommen bewusstseinsfördernd wirkt. Wenn er jedoch von dem, wofür er eintritt, nicht vollständig überzeugt ist, das heißt vom Potential seines Schützlings und dem Wert der Eigenverantwortung, dann wird er glauben, er brauche Sachkenntnis, um coachen zu können. Ich behaupte nicht, dass er Expertenwissen immer zurückhalten sollte. Der weniger gute Coach

setzt es aber tendenziell zu oft ein und verringert dadurch den Wert seines Coaching.
Denn jedes dem Gecoachten zur Verfügung gestellte Expertenwissen reduziert dessen Verantwortung." (Whitmore 1995, S. 48).
Es ist generell sicherlich von Vorteil, betriebswirtschaftliche Abläufe und Organisationsstrukturen zu verstehen, um qualifiziert beraten zu können. Andernfalls könnte es zu Verständnisschwierigkeiten kommen, die den Klienten möglicherweise verunsichern und den erfolgreichen Verlauf des Coachings beeinträchtigen.

„Eine Minimalanforderung an den Coach wäre, dass er sich für das berufliche Feld seines Klienten und dessen Entwicklungen interessiert und sich ernstlich zu engagieren beabsichtigt." (Schreyögg 1998, S. 132) Auf der anderen Seite kann eine zu große Feldkompetenz aber auch dazu führen, dass der Berater dem Klienten wie ein übermächtiger „Allwissender" vorkommt. Dann könnte sowohl auf Seiten des Coachs wie auch auf Seiten des Klienten der Eindruck entstehen, der Klient sei inkompetent. Unter diesen Umständen ist eine interaktive, wechselseitige und auf Akzeptanz beruhende Beratungsbeziehung nicht mehr gegeben.

Bei den geschilderten Kompetenzen sollte nicht außer Acht gelassen werden, dass ein Coach kein allwissender „Übermensch" ist. „Im Einzelfall ist immer davon auszugehen, dass sich ein Coach auf bestimmte Bereiche spezialisiert hat." (Rauen 2001, S. 150) Das heißt auch, dass der Coach bereit ist, einen Auftrag, für den er sich nicht kompetent genug fühlt, abzulehnen.

Die Ansprüche an einen Coach sind sehr vielfältig, und er sollte immer wieder dafür sorgen, sich selbst von emotionalen Belastungen seiner Arbeit mit den Klienten zu befreien. Eine gute Möglichkeit dazu bietet die regelmäßige Inanspruchnahme von Supervision (siehe Kapitel „Coaching in Abgrenzung zur Supervision").

3.4 Die Kompetenz von Erwachsenenbildnern als Coach

Wie in den vorhergehenden Abschnitten gezeigt wurde, sind die Strukturelemente der Handlungskompetenz Beratung kompatibel mit den Kriterien, durch deren Erfüllung Coaching zu einer seriösen Beratungsform wird. Dies gilt sowohl in Bezug auf das Qualifikationsprofil des Coachs mit den Anforderungen an die Persönlichkeit des Coachs und an die fachliche Qualifikation als auch in Bezug auf die Anforderungen an ein Coaching-Konzept mit seinen verschiedenen Ebenen.

Daher kann festgestellt werden, dass Erwachsenenbildner aufgrund ihres interdisziplinären Studiengangs, bei entsprechender Persönlichkeitsstruktur und nach Absolvierung zusätzlicher Ausbildungen grundsätzlich befähigt sind, als Coach zu arbeiten. Da beim Coaching eine Fokussierung auf berufliche Probleme erfolgt, ist ein gewisses Maß an Berufserfahrung, auch in höheren Hierachie-Ebenen, erforderlich. Zu den erforderlichen Kompetenzen des Coachs gehören zudem Interesse für die Belange der Klienten sowie Lebenserfahrung.

Sind diese Voraussetzungen gegeben, reicht nach meiner Auffassung eine solide, breitgefächerte Beratungsausbildung als Ergänzung zu einem umfassenden Studium, möglichst mit dem Schwerpunkt „Beratung" aus, um als Coach arbeiten zu können.

Ein Erwachsenenbildner mit der Handlungskompetenz „Beratung" kann dann auch ohne eine zusätzliche, kostspielige Coaching-Ausbildung ein seriöses, theoretisch fundiertes Coaching anbieten.

4.0 Konsequenzen für die Erwachsenenbildung

Für die Beantwortung der Frage, ob Erwachsenenbildner als Coach geeignet sind, möchte ich zunächst die Professionalität in der Erwachsenenbildung kritisch beleuchten; anschließend darstellen, wie Beratungskompetenz erworben werden kann; schließlich die Handlungskompetenz Beratung vorstellen und mit Coaching in Verbindung bringen.

4.1 Professionalität in der Erwachsenenbildung

Beschäftigt man sich mit der Literatur zum Begriff der Professionalität in der Erwachsenenbildung, wird schnell deutlich, dass dieser nicht isoliert zu sehen ist, sondern meistens im Zusammenhang mit den Begriffen Professionalisierung und Profession beschrieben wird (vgl. z.B. Fuchs-Brüninghoff 2001, Gieseke 1999).

Mit Professionalisierung ist in diesem Zusammenhang vor allem die Zeitspanne in den siebziger Jahren des letzten Jahrhunderts gemeint, als es eine intensive Phase der Verberuflichung des Hauptberufes Erwachsenenbildung gab, mit dem Ziel, dem Bereich Bildung/Weiterbildung einen gesellschaftlichen Stellenwert einzuräumen und diesen Bereich zu einer Profession zu entwickeln. „Der Prozess der Professionalisierung erreichte eine weitgehende Verberuflichung der Organisation und Planung von Bildung. Die Vermittlungstätigkeit wurde nicht zum Hauptberuf." (Fuchs-Brüninghoff in Arnold et al. 2001; S. 260)

Um von der Erwachsenenbildung als Profession sprechen zu können, müsste diese drei Kernmerkmale erfüllen:
- „eine lange, spezialisierte Ausbildung in abstraktem Wissen,
- eine Ausrichtung auf die Gemeinschaft oder den Dienst an der Klientel,
- Autonomie der Kontrolle über die eigene Tätigkeit"
(Lehmenkühler-Leuschner 1993, zit. nach Fuchs-Brüninghoff 2001, S. 261).

Genau daran lassen sich aber auch die Problematiken einer Profession der Erwachsenenbildung erkennen. Der Zugang zur Erwachsenenbildung als Beruf ist nicht an eine ganz bestimmte, von allen zu absolvierende Ausbildung gebunden.

Zwar gibt es seit knapp 35 Jahren den Diplomstudiengang, aber die Diplom-Pädagogen decken den Bereich der Erwachsenenbildung bei weitem nicht ab. Es gibt eine Vielzahl von Seiteneinsteigern, die über andere Berufe den Einstieg gefunden haben. Das sorgt zwar einerseits für eine breite Vielfalt in der Erwachsenenbildung, macht es aber andererseits für Pädagogen schwierig, eine Berufsidentität zu entwickeln. „Die Folgen sind ein unzureichendes Bewusstsein und Selbstverständnis bei den Pädagog/innen und in den Einrichtungen" (Fuchs-Brüninghoff 2001, S. 261).

Diese Schwierigkeit zeigt sich schon beim Einstieg in den Beruf. Es mangelt an einer systematischen Berufeinführung, daher erfolgt diese im Rahmen einer „Learning-by-doing-Sozialisation" (Fuchs-Brüninghoff 2001,8.262).

Teilnehmende an einem Bildungsprozess vertrauen auf die Kompetenz der Professionellen; darauf, dass es so etwas wie eine „Berufsethik" gibt. Um das sicher zu stellen, sind Qualitätsstandards erforderlich, was in den letzten Jahren verstärkt thematisiert wird.

Für die Zukunft der Erwachsenenbildung wird es nach Fuchs-Brüninghoff (2001, S. 262) entscheidend sein, sich als Profession zu etablieren, was bisher nicht der Fall ist. Von Professionalität lässt sich dann sprechen, wenn bei der Ausübung eines Berufes bestimmte Standards eingehalten werden. Die Schwierigkeit liegt allerdings meines Erachtens darin, dass nicht umfassend geklärt ist, wer denn diese Standards festlegt, bzw. wer überhaupt die Legitimation dazu hat. So reguliert sich zwar einiges über den Markt, anderes durch Verwaltungsvorschriften: z.B. bei der Vergabe öffentlicher Mittel; teilweise gibt es Dachverbände, die gewisse Qualitätsansprüche festlegen. Allgemeingültige Qualitätsmaßstäbe existieren allerdings bisher nicht.

So ist der einzelne in der Erwachsenenbildung Tätige gefordert, sein eigenes Handeln zu reflektieren, seine Arbeit bewusst zu tun und in der Lage zu sein, sein Handeln anderen vor dem Hintergrund einer Theorie nachvollziehbar zu machen (vgl. Fuchs-Brüninghoff 2001, S. 262). Professionalität bezeichnet dabei allgemein betrachtet die Einheit von Wissen und Können sowie eine besonders

ausgewiesene Form der Reflexivität. Das gibt den professionell Tätigen die Basis dafür, ihr berufliches Tun zu begründen, also darstellen zu können, warum und mit welchem Ziel sie etwas tun.
Als Beispiel sei hier die Deutsche Gesellschaft für Supervision genannt.

4.2 Beratung als Profession

In Bezug auf die Beratung innerhalb der Erwachsenenbildung ist es strittig, ob Beratung Teil der pädagogischen „Profession" bzw. des Berufsfeldes ist oder ob es sich um eine eigenständige Profession handelt. Beratung kann nach meiner Auffassung nicht als eigenständige Profession betrachtet werden, denn es sind keinerlei Standards vorhanden. Nach Sauer-Schiffer (2004, S. 281) bemängeln Befürworter einer eigenständigen Profession Beratung Folgendes:

- „Es existieren keinerlei Professionsstandards
- Es gibt keine Standards in der Durchführung
- Beratung ist keine Profession mit einer systematischen Ausbildung oder einer langen Tradition mit entsprechenden ethischen und berufsständischen Standards
- Auch beim Honorar für (pädagogische) Beratung gibt es keine Standards".

Diese Aspekte führen zu einer Reihe von Unsicherheiten seitens der Betroffenen. Der Bereich Beratung ist aber so komplex, dass eine Standardisierung kaum durchzuführen ist. Eine Allgemeingültigkeit für alle Bereich zu erreichen, stellt sich als sehr schwierig, wenn nicht unmöglich heraus. Sauer-Schiffer (2004, S. 29) hält eine allgemeine Profession der pädagogischen Beratung für die Erwachsenenbildung/außerschulische Jugendbildung sogar für „nicht tragfähig, weil dann die gebotene Vielfalt der Beratung nicht mehr vorhanden ist".

In einem Bereich, der so wenig überschaubar und geregelt ist, bedarf es sehr viel Eigenverantwortung seitens der Beratenden, um qualifizierte Arbeit leisten zu können; sowohl was die Qualität der eigenen Arbeit betrifft als auch die moralische Verpflichtung den Ratsuchenden gegenüber. Diese Verantwortung ist um so ernster zu nehmen, als man es bei Ratsuchenden mit Menschen zu tun hat, die an ihre eigenen Grenzen gestoßen sind und zu Recht erwarten, dass sie auf kompetente Ansprechpartner treffen, wenn sie Beratung in Anspruch nehmen.

4.3 Der Erwerb von Beratungskompetenz

Um die Kompetenzen von Erwachsenenbildnern als Coach aufzuzeigen, soll jetzt beschrieben werden, wie Beratungskompetenz grundsätzlich erworben wird und wie der Werdegang zum Coach aussehen kann.

Beraten gehört nach Giesecke (2000, S. 76) neben Unterrichten, Arrangieren, Animieren und Informieren zu den Grundformen pädagogischen Handelns. Laut Sauer-Schiffer (2004, S. 41) werden Pädagogen im Studium gemäß der Studienrahmenordnung auf diese Tätigkeiten vorbereitet.

Beratung in der Erwachsenbildung findet in vielen, ganz unterschiedlichen Bereichen statt. Der Gegenstand der Beratung ergibt sich aus den Anforderungen des Arbeitsfeldes und den damit verbundenen jeweiligen Bedürfnissen der Ratsuchenden. Die Qualifikationen für diese Tätigkeit können nicht alle vorab erlernt werden, sondern werden oft in der Ausübung, also durch „learning by doing", und im Kontakt mit den Ratsuchenden aufgebaut. Wichtig ist die Bereitschaft, sich ständig fortzubilden, seine eigenen Grenzen zu erkennen und eine Sensibilität für die Probleme der Ratsuchenden zu bekommen.

Die Vorbereitung auf das Tätigkeitsfeld Beratung während des Studiums reicht also scheinbar nicht aus, denn „Angesichts des Wandels der Berufstätigkeit, den professionellen Neuerungen und deren Herausforderungen in der Erwachsenenbildung ist es für die meisten Erwachsenenpädagogen unerlässlich, eine beraterische fachliche Zusatzqualifikation zum Grundberuf zu erwerben." (Sauer-Schiffer 2004, S. 28).

Beratung ist ein komplexer Vorgang, der nur begrenzt planbar ist. Das ist auch dadurch bedingt, dass die Inhalte der Beratung von den Wünschen des Ratsuchenden abhängig sind. Diese Situation beeinflusst natürlich auch die Lehrbarkeit des Beratens.

Im Verlauf einer Beratung kommt es immer wieder zu überraschenden Situationen, auf die auch eine Ausbildung zum Berater nicht in allen Einzelheiten vorbereiten kann. Daher müssen den künftigen Beratern grundlegende Kenntnisse vermittelt werden, auf die sie in einer komplexen Beratungssituation zurückgreifen können.

Für den Erwerb der Zusatzqualifikation Beratung gibt es einen großen Markt therapeutisch ausgerichteter Zusatzausbildungen, die häufig sehr kostspielig sind. Als Fazit bleibt festzuhalten: Beratung als Form professionellen pädagogischen Handelns lernt man:
- „in der Praxis der EB/AJB [Erwachsenenbildung/Außerschulische Jugendbildung]
- in einer Zusatzausbildung
- durch Hospitation/Projektbegleitung/Reflexion des pädagogischen Alltags im Studium
- beim Übergang vom Studium zum Beruf durch Supervision, Coaching und Anleitung" (Sauer-Schiflfer 2004, S. 281).

4.4 Wie wird man Coach

Wie in der Erwachsenenbildung im Allgemeinen gilt auch im Coaching, dass viele der in diesem Bereich Tätigen als Seiteneinsteiger zu ihrem Beruf gefunden haben.

In den 1960er Jahren war der Seiteneinstieg in die Erwachsenenbildung Teil der Normalbiografie eines Erwachsenenbildners. Durch die Einführung der Studiengänge mit Schwerpunkt Erwachsenenbildung sollte die Beliebigkeit der Zugangswege zugunsten einiger anerkannter akademischer Qualifizierungsmöglichkeiten im Wege der Professionalisierungsdebatte reduziert werden. Die Vielfalt der Zugangswege zum Beruf des Erwachsenenbildners hat sich dadurch allerdings noch vergrößert (vgl. Doerry 2003, S 109 ff.).

Auch der Zugang zu einer Tätigkeit als Coach ist auf verschiedenen Wegen möglich, denn die Bezeichnung „Coach" ist keine geschützte Berufsbezeichnung. Jemand, der seine Dienste als Coach anbietet, muss dafür keine formalen Qualifikationen nachweisen. Der Ausbildungsweg ist völlig offen.
Der Einstieg als Coach entwickelt sich häufig aus anderen Arbeitsbeziehungen, z.B. wenn ein Trainer immer personenzentrierter arbeitet und die Teilnehmer dabei in zunehmendem Maße persönlichen Rat suchen.
Dabei wird dann bald deutlich, dass dafür erweiterte Kompetenzen erforderlich sind und dass eine professionelle Qualifikation notwendig ist, um auch in schwierigeren Situationen weiter zu wissen und in komplexen Zusammenhängen eine Identität als Coach zu entwickeln. Selbst dort, wo Kenntnisse im Organisationsbereich vorhanden sind, ist es nicht ohne weiteres möglich, diese im Coaching angemessen einzubringen und für die Klienten nutzbar zu machen. Kenntnisse müssen aus bekannten Rollen- und Zuständigkeitsverständnissen herausgelöst und in ein Beraterselbstverständnis und entsprechende Vorgehensweisen integriert werden. Um die erforderlichen Qualifikationen zu vermitteln bieten eine Vielzahl von Ausbildungsinstituten die Weiterbildung zum Coach an. Allerdings sollte man diese Angebote einer kritischen Betrachtung unterziehen, da es bisher keine Qualitätsstandards gibt.

Auf der anderen Seite nehmen es viele Institute mit der Auswahl der Bewerber nicht sehr genau, denn „Vielen Ausbildungsinstituten geht es lediglich darum, mit allen Mitteln ihre Kursangebote auszulasten." (Mühleisen 2001, S. 32).
Wer sich für eine Coaching-Ausbildung interessiert, sollte im Vorfeld gründliche Recherchen vornehmen, um eine für ihn passende Ausbildung zu finden. Dabei sollten verschiedene Faktoren berücksichtigt werden, z.B

- der Ausbildungsort, die Ausbildungsdauer und die Ausbildungskosten
- die Teilnahmevoraussetzungen sowie die Zielgruppe
- die Kompetenz des bzw. der Referenten (nachgewiesen durch Referenzen oder eigene Veröffentlichungen)
- der Bezug zum eigenen beruflichen Kontext und die Praxisorientierung

- zugrundeliegende Theorien und Methoden
- Begleitung der Ausbildung durch Supervision

Es reicht für einen seriös arbeitenden Coach jedoch auch nicht aus, sich bestimmte Techniken in einer Ausbildung anzueignen, sondern er braucht eine ausgereifte Persönlichkeit. Dazu gehören auch verschiedene Facetten der Selbsterkenntnis. „Wer Coaching erlernen will, braucht als wichtigste Voraussetzung die Bereitschaft, eigenen Lebenskrisen zu erleben oder solche erlebt zu haben. Weiter braucht man die Selbstkenntnis, sich selbst als hilfebedürftig erfahren zu haben." (Mühleisen 2001, S. 32) Mit Veränderungen sind oft Widerstände und Vermeidungsstrategien verbunden. Wenn ein Coach den Umgang mit Widerständen selbst erfahren hat, so kann er die Reaktionen und Verhaltensweisen seiner Klienten im Verlauf des Coaching-Prozesses besser verstehen.

Die Kombination von persönlicher und fachlicher Qualifikation ist also entscheidend.

5.0 Schlussbetrachtung

Die Ausgangshypothese bei dieser Arbeit lautete: „Coaching als neues Arbeitsfeld für Erwachsenenbildner". Diese Aussage habe ich aus erwachsenenpädagogischer Perspektive untersucht. Das Ziel dabei war es herauszuarbeiten, dass Coaching bei Erfüllung bestimmter Kriterien eine Form pädagogischer Beratung ist. Trifft diese Feststellung zu, dann ist Coaching erwachsenenpädagogisches Handeln und damit ein mögliches Arbeitsfeld für Erwachsenenbildner.

Wie sich in gezeigt hat, ist Beratung eine der Grundformen pädagogischen Handelns. Als solche hat sie einen bedeutenden Stellenwert innerhalb der erwachsenenpädagogischen Tätigkeitsfelder. Um die Forderungen nach „lebenslangem Lernen" und „selbstgesteuertem Lernen" erfüllen zu können, benötigen Menschen in einer modernen, komplexen Gesellschaft vielfach zusätzliche Unterstützung zu den Kompetenzen, die sie in Bildungsprozessen erlernen können.

Die Beratung selbst ist ein expandierender Bereich innerhalb der Erwachsenenbildung und somit ein wichtiges Arbeitsfeld für Erwachsenbilder.

Pädagogen bereiten sich auf diese Tätigkeit während des Studiums vor. Außerdem erweitern sie ihre Kompetenzen sowohl im Rahmen ihrer praktischen Tätigkeit als auch durch Zusatzausbildungen.

Die Beratungsform Coaching wurde als Form pädagogischer Beratung legitimiert, indem aufgezeigt wurde, dass Coaching den Kriterien pädagogischer Beratung entspricht. Damit ist die Grundvoraussetzung geschaffen, dass Coaching als Arbeitsfeld für Erwachsenbildner in Frage kommt.

Überall dort, wo Menschen die Grenzen ihrer Handlungsmöglichkeiten erfahren, kommt Lernen in Betracht. Gesellschaftliche Veränderungen können dazu führen, dass Menschen sich verunsichert fühlen sowie Wissen und Fähigkeiten benötigen, die sie nicht haben.

Das zeigt sich auch im Berufsleben. Wirtschaftliche und technische Entwicklungen nehmen an Komplexität immer mehr zu und können Überforderungen verursachen. Diese Tatsache führt zu einer gesteigerten Nachfrage nach professioneller Beratung.

Coaching ist eine lösungsorientierte Beratungsform. Dieses Angebot ist eine Antwort auf einen Beratungsbedarf, der durch Verunsicherungen bei der Ausübung der Berufsrolle ausgelöst wird. Hauptanlässe für Coaching sind die Verbesserung der Führungssituation, die Suche nach Unterstützung für die Bewältigung von Krisen und der Wunsch nach Verbesserungen. Gestiegene Anforderungen an Führungskräfte können bei Personen mit Managementaufgaben Lernbedarf erzeugen. Coaching dient der Initiierung von Lernprozessen. Da oberstes Ziel im Coaching die „Hilfe zur Selbsthilfe" ist und die Verantwortung für Veränderungen beim Klienten verbleibt, hat Coaching einen aktuellen Bezug zur Erwachsenenpädagogik. Es kann einen wichtigen Beitrag zur Umsetzung der Forderung nach „Lebenslangem Lernen" und „Selbstgesteuertem Lernen" leisten.

Voraussetzung dafür ist natürlich, dass die jeweilige Coaching-Maßnahme seriös durchgeführt wird. Bisher gibt es keinerlei allgemeingültige Standards für die Durchführung von Coaching-Maßnahmen, und auch die Ausbildungswege sind völlig offen. Die Berufsbezeichnung „Coach" ist nicht geschützt.

Daher liegt es in der Verantwortung jedes Einzelnen, der als Coach tätig wird, diese Tätigkeit nach bestem Wissen und Gewissen auszuüben. Dem Coach sollte stets bewusst sein, dass der Klient ihm viel Vertrauen entgegenbringt und ihm teilweise sehr persönliche Dinge offenbart.

Um zu zeigen, dass die Beratungsform Coaching als ein ernst zu nehmender Beratungsansatz gelten kann, wurde sie im Rahmen dieser Arbeit analysiert. Es wurden verschiedene Kriterien herausgearbeitet, welche die Qualität von Coaching sicherstellen sollen. Das Qualifikationsprofil des Coachs dient dazu, Coaching eine seriöse Grundlage zu geben. Damit ist Coaching nicht als eine Modeerscheinung anzusehen, sondern als ernst zu nehmender Beratungsansatz der eine wertvolle Hilfe bieten kann.

Wie gezeigt wurde, entsprechen studierte Erwachsenenbildner grundsätzlich den persönlichen und fachlichen Anforderungen an das Qualifikationsprofil eines qualifizierten Coachs. Außerdem sind sie durch ihr interdisziplinäres Studium - ergänzt durch eine fundierte Zusatzausbildung - befähigt, nach einem Handlungsmodell zu arbeiten, das sie ihren Klienten gegenüber beschreiben und begründen können.

Wird eine Coaching-Maßnahme unter diesen Voraussetzungen durchgeführt, kann das dazu beitragen, Coaching als neues Arbeitsfeld für Erwachsenenbildner zu etablieren.

Literaturverzeichnis

Antonovsky, A.: Salutogenese, Zur Entmystifizierung der Gesundheit, Dgvt-Verlag Tübingen 1997

Arnold, R.: Ich lerne, also bin ich. Eine systemisch-konstruktivistische Didaktik, Carl-Auer-Systeme-Verlag, Heidelberg 2007

Arnold, R./Schüßler I.: Ermöglichungsdidaktik: Erwachsenenpädagogische Grundlagen und Erfahrungen, Schneider Verlag Hohengehren GmbH, Baltmannsweiler 2003

Aurin, K. (Hrsg.): Beratung als pädagogische Aufgabe, Julius Klinkhardt-Verlag, Bad Heilbrunn/Obb. 1984

Bachmair, S.: Beraten will gelernt sein. Ein praktisches Lehrbuch für Anfänger und Fortgeschrittene. Psychologie-Verlags-Union, München 1996

Böning, U.: Ist Coaching eine Modeerscheinung? In: Hofmann, L.M./Regnet, E. (Hrsg.): Inovative Weiterbildungskonzepte. Verlag für Angewandte Psychologie, Göttingen 1994

Brem-Gräser, L.: Handbuch der Beratung für helfende Berufe. Bd. 1-3, Ernst Reinhard Verlag, München 1993

Candeias, M., Deppe F. : Ein neuer Kapitalismus. Vsa-Verlag, Berlin 2001

Doerry, G.: Der Seiteneinstieg in den Beruf des Erwachsenenbildners als Forschungsproblem. In: Brödel, R./Siebert, H. (Hrsg.): Ansichten zur Lerngesellschaft. Schneider Verlag Hohengehren GmbH, Baltmannsweiler 2003

Engel, F./Nestmann F.: Beratung: Lebenswelt, Netzwerk, Institutionen. In: Krüger, H.-H.; Rauschenbach Th. (Hrsg.): Einführung in die Arbeitsfelder des Bildungs- und Sozialwesens. Leske+Budrich, Opladen 2000

Faulstich P./Zeuner C.: Erwachsenenbildung. Eine handlungsorientierte Einführung in Theorie, Didaktik und Adressaten. Juventa – Verlag, Weinheim und München 2006

Fittkau, B.: Zum Stellenwert von Diagnostik in der Pädagogischen Beratung. In.: Krause, Ch. Et al. (Hrsg.): Pädagogische Beratung. Grundlagen und Praxisanwendung. Schöningh, Paderborn 2003

Fuchs-Brüninghoff, E.: Professionalität. In: Arnold, R./Nolda, S./Nuissl, E. (Hrsg.): Wörterbuch der Erwachsenpädagogik. Julius-Klinkhardt-Verlag, Bad Heilbrunn/Obb. 2001

Giesecke, H.: Pädagogik als Beruf. Grundformen pädagogischen Handelns. 6. Auflage, Juventa Verlag, Weinheim und München 2000

Gollner, E., Kreuzriegler, F., Thuile, C., Oswald, B.: Health Coaching, Gesundheit, Fitness, Lebensenergie, Urban& Fischer Verlag, München, 2001

Gröning, K.: Pädagogische Beratung. Konzepte und Positionen. Verlag für Sozialwissenschaften, Wiesbaden 2006

Hamann, A./Huber, J.J.: Coaching. Der Vorgesetzte als Trainer. Hoppenstedt-Technik-Verlag, Darmstadt 1991

Heß, T./Roth, W.: Professionelles Coaching. Eine Expertenbefragung zur Qualitätseinschätzung und –entwicklung. Asanger, Heidelberg 2001

Holzkamp, K.: Lernen. Subjektwissenschaftliche Grundlegung. Campus-Fachbuch-Verlag, Frankfurt/M 1993

Kil, M./Thöne, B.: Pädagogische Beratungsarbeit. Eine Feldsondierung. In: Päd. Blick. 9.Jg.Heft 3 2001

Kleber, E. W./Stein, R.: Lernkultur am Ausgang der Moderne. Schneider-Verlag, Hohengehren 2001

Kraft, V.: Probleme einer pädagogischen Theorie der Beratung. In: Bildung und Erziehung. Heft 3, Böhlau-Verlag Köln 1993

Krause, Ch. et al. (Hrsg.): Pädagogische Beratung. Grundlagen und Praxisanwendung. Schöningh, Paderborn 2003

Leymann, H.: Mobbing. Psychoterror am Arbeitsplatz und wie man sich dagegen wehren kann. Neuausgabe, Rowohlt-Taschenbuch-Verlag, Reinbek bei Hamburg 2002

Loos, W.: Unter vier Augen. Coaching für Manager, Verlag Moderne Industrie, München 2002

Marc Aurel: Wege zu sich selbst. Hrsg. Rainer Nicke. Wissenschaftliche Buchgemeinschaft, Darmstadt 1998

Meschkutat, B. Stapelbeck, M.;/Langhoff, G.: Der Mobbing-Report. Repräsentativstudie für die Bundesrepublik Deutschland.
Wirtschaftsverlag, Bremerhaven 2002

Möller, H.-J.: Psychiatrie und Psychotherapie, Springer-Verlag, Berlin 1996

Mühleisen, St.: Vom Trainer zum Berater zum Coach. In: Berufsorientierende Weiterbildung für Wirtschaft und Wissenschaft, Karlsruhe 2001

Mutzeck, W.: Kooperative Beratung. Grundlagen und Methoden der Beratung und Supervision im Berufsalltag. Überarbeitete Neuausgabe der 2. Auflage 1997, Beltz Taschenbuch, Weinheim und Basel 1999

Petzold, H. G.: Integrative Supervision, Meta-Consulting & Organisationsentwicklung. Modelle und Methoden reflexiver Praxis. Ein Handbuch. Band I. Junfernmann-Verlag, Paderborn 1998

Radatz S.:, Einführung in das systemische Coaching, Carl-Auer Verlag, Heidelberg 2006

Rauen, Ch.: Handbuch Coaching. Verlag für Angewandte Psychologie, Göttingen 2000

Rauen, Ch.: Coaching. Innovative Konzepte im Vergleich. 2. Auflage. Hogrefe Verlag, Göttingen 2001

Roth, G.: Aus der Sicht des Gehirns. Suhrkamp-Verlag, Frankfurt 2003

Sauer-Schiffer, U.: Beratung in der Erwachsenbildung und außerschulischen Jugendbildung: Eine Einführung in Theorie und Praxis. In.: Dies. (Hrsg.): Bildung und Beratung. Beratungskompetenz als neue Herausforderung für Weiterbildung und außerschulische Jugendbildung? Waxmann Verlag Münster 2004

Schlutz, E.: Bildung. In: Arnold, R., Nolda, S., Nuissl, E. (Hrsg.): Wörterbuch der Erwachsenenpädagogik. Julius-Klinkhardt-Verlag, Bad Heilbrunn/Obb. 2001

Schmid E., Weatherly, J.N., Meyer-Lutterloh, K., Seiler, R., Lägel, R.: Patientencoaching, Gesundheitscoaching, Case Management, Methoden im Gesundheitsmanagement von morgen. Medizinisch Wissenschaftliche Verlagsgesellschaft OHG, Berlin, 2008

Schmidt, J. S.: Der Diskurs des Radikalen Konstruktivismus, Suhrkamp-Verlag, Frankfurt/Main 1987

Schmitz, E.: Zur Struktur therapeutischen, beratenden und erwachsenenpädagogischen Handelns. In: Schlutz, E. (Hrsg.): Erwachsenbildung zwischen Schule und sozialer Arbeit. Julius Klinkhardt Verlag, Bad Heilbrunn/Obb. 1983

Schreyögg, A.: Coaching. Eine Einführung für Praxis und Ausbildung. 3. Auflage, Campus Verlag, Frankfurt a. M. 1998

Schüßler, I.: Deutungslernen, Erwachsenbildung im Modus der Deutung. Eine explorative Studie zum Deutungslernen in der Erwachsenenbildung, Schneider-Verlag, Baltmannsweiler 2000

Seneca, Lucius: Philosophische Schriften, Nachdruck von 1924. Übers. O.Apel. Meiner-Verlag, Leipzig 1993

Siebert, H.: Lernen als Konstruktion von Lebenswelten. Entwurf einer konstruktivistischen Didaktik, Verlag für akademische Schriften, Berlin 1994

Siebert, H.: Pädagogischer Kontruktivismus. Lernzentrierte Pädagogik in Schule und Erwachsenenbildung, 3. überarbeitete und erweiterte Auflage. Beltz-Verlag, Weinheim und Basel 2005

Siebert, H.: Erwachsenenbildung in der Bundesrepublik Deutschland – Alte Bundesländer und neue Bundesländer. In: Tippelt, R. (Hrsg.): Handbuch Erwachsenbildung/Weiterbildung. 2. überarbeitete und aktualisierte Auflage. Leske und Budrich, Opladen 1999

Siebert, H.: Lehren. In.: Arnold, R./Nolda, S./Nuissl, E. (Hrsg.): Wörterbuch der Erwachsenpädagogik. Julius-Klinkhardt-Verlag, Bad Heilbrunn/Obb. 2001

Stadelmann J.: Führung unter Belastung, Huber Verlag, Frauenfeld 1998

Weinberg, J.: Einführung in das Studium der Erwachsenenbildung. Klinkhardt, Bad Heilbrunn/Obb. 2000

Whitmore, J.: Coaching für die Praxis – Eine klare prägnante und praktische Anleitung für Manager, Trainer, Eltern und Gruppenleiter. 2. Auflage. Campus Verlag, Frankfurt am Main 1995

Wilker F.-W. (Hrsg.): Supervision und Coaching. Aus der Praxis für die Praxis. 6. unveränderte Auflage. Dt. Psychologen-Verlag, Bonn 1999

Zeus, P., Skiffington S.: Behavioral Coaching, Mc Graw Verlag 2003